Die Invaliden-
und Hinterbliebenenversich

nach der

Reichsversicherungsordn

Eine systematische Zusammenstellung der
Bestimmungen

von

Dr. Richard Freund,
Vorsitzendem der Landes-Versicherungsanstalt Berl

Berlin 1911.
J. Guttentag, Verlagsbuchhandl
G. m. b. H.

Vorbemerkung.

In der neuen Reichsversicherungsordnung sind sämtliche Arbeiter-Versicherungsgesetze zu einem einheitlichen Ganzen verarbeitet. Die für die einzelnen Arten der Versicherung geltenden Bestimmungen sind in mehreren Büchern der Reichsversicherungsordnung verstreut, so daß es insbesondere für alle diejenigen, welche berufen sind das Gesetz durchzuführen, äußerst schwierig ist, sich zurechtzufinden. Der Zweck der vorliegenden Arbeit war zunächst der: den bei der Landesversicherungsanstalt Berlin beschäftigten Beamten und den im Ehrenamt tätigen Personen die Orientierung in dem neuen Gesetze dadurch zu erleichtern, daß sämtliche die Invaliden- und Hinterbliebenenversicherung betreffenden gesetzlichen Bestimmungen der Reichsversicherungsordnung in eine systematische Zusammenstellung gebracht wurden. Um den Überblick über das Ganze nicht zu erschweren, sind hierbei die wesentlichen, grundlegenden Bestimmungen in den Text gebracht worden, während die übrigen Bestimmungen in die Form von Anmerkungen gekleidet sind. Im Text wird daher die Struktur des Gesetzes bloßgelegt, und jeder kann sich in kürzester Zeit über die neuen Bestimmungen dadurch leicht informieren, daß er zunächst den Text ohne die Anmerkungen liest. Für die Anwendung des Gesetzes ist natürlich eine Zuhilfenahme des Gesetzbuchs unerläßlich; die vorliegende Arbeit soll nur ein Hilfsmittel für die Einführung in das Gesetz bieten. Die durch die Reichsversicherungsordnung geschaffenen wesentlichen Neuerungen sind durch fetten Druck hervorgehoben. Die Bestimmungen des Einführungsgesetzes sind berücksichtigt.

In dieser Form dürfte die vorliegende Arbeit auch denjenigen, welche an dem Gesetz unmittelbar interessiert sind, Arbeitgebern und Arbeitnehmern, nicht unwillkommen sein.

Berlin im August 1911.

Dr. **Freund.**

Inhaltsverzeichnis.

Die Reichsversicherungsordnung ist am 1. August 1911 verkündet worden. Die Reichsversicherungsordnung tritt, soweit es sich um die Maßnahmen zu ihrer Durchführung handelt, sofort in Kraft. (EG. Art. 1.) Die Vorschriften betr. die Invaliden- und Hinterbliebenenversicherung und ihre Durchführung treten mit dem 1. Januar 1912 in Kraft. (EG. Art. 2.)[1])

EG. = Einführungsgesetz. Die sonstigen im Text eingeklammerten Ziffern verweisen auf die Paragraphen der Reichsversicherungsordnung.

RVO. = Reichsversicherungsordnung.

Kapitel I. Organisation.

A. Die Versicherungsanstalten.

Träger der Invaliden- und **Hinterbliebenen**versicherung sind die Versicherungsanstalten (3)[2]). Die Versicherungsanstalten werden nach Bestimmung der Landesregierung mit Genehmigung

---

[1]) Über die Behandlung der Beitrags-Erstattungs-Sachen siehe S. 42 Anm. 1.

[2]) Neben den Versicherungsanstalten können vom Bundesrat Anstalten des Reichs, eines Bundesstaats oder eines Gemeindeverbandes als Sonderanstalten zugelassen werden. Die näheren Bestimmungen hierüber enthalten die §§ 1360—1374. Besondere Kasseneinrichtungen, die nach den Gesetzen vom 22. Juni 1889 und vom 13. Juli 1899 zugelassen sind, gelten bis zum 31. März 1912 ohne neue Zulassung durch den Bundesrat als Sonderanstalten nach den §§ 1360—1380 RVO. Sie müssen vom Inkrafttreten der Hinterbliebenenversicherung an Hinterbliebenenbezüge nach der RVO. gewähren. Die Rechtswirksamkeit der seit dem Inkrafttreten der Hinterbliebenenversicherung bis zum 31. März 1912 entrichteten Beiträge kann nicht deshalb bestritten werden, weil ihre Höhe sich nachträglich als unzureichend erwiesen hat. (EG. Art. 83). Die See-Berufsgenossenschaft kann für ihre Angehörigen (Arbeiter und Unternehmer) unter ihrer Haftung auf Beschluß des Bundesrats eine Sonderanstalt errichten (1375 ff.).

des Bundesrats errichtet (1326, 1327). Die nach dem früheren Gesetz errichteten Versicherungsanstalten bleiben bestehen (1326). Die Bezirke der Versicherungsanstalten können geändert werden, auch können Versicherungsanstalten mit Zustimmung des Reichstags zusammengelegt, geteilt oder aufgehoben werden (1332).

a) Der Vorstand.

Die Versicherungsanstalt, welche rechtsfähig ist (4), wird durch einen Vorstand verwaltet (1342)[1]), welcher die Eigenschaft einer öffentlichen Behörde hat und dessen Geschäfte ein oder mehrere Beamte des Gemeindeverbandes oder Bundesstaats führen, für den die Versicherungsanstalt errichtet ist (1343). Neben diesen Beamten gehören dem Vorstand als nichtbeamtete Mitglieder Vertreter der Arbeitgeber und Versicherten[2]) in gleicher Zahl[3]) an, welche im Bezirke der Versicherungsanstalt wohnen müssen (1346)[4]). Die Satzung kann bestimmen, daß dem Vorstand noch andere besoldete oder unbesoldete Mitglieder angehören sollen (1347). Der Vorstand vertritt die Versicherungsanstalt gerichtlich und außergerichtlich, er hat die Stellung eines gesetzlichen Vertreters. Beschränkungen des Umfangs der Vertretung kann, soweit es das Gesetz zuläßt, die Satzung bestimmen[5]). Soweit

---

[1]) Der Vorstand veröffentlicht im Reichsanzeiger und im amtlichen Blatte der obersten Verwaltungsbehörde Namen, Sitz und Bezirk der Versicherungsanstalt sowie den Namen des Vorsitzenden, ebenso Änderungen (1350). **Der Vorstand hat das Ergebnis jeder Wahl und jede Änderung in seiner Zusammensetzung binnen einer Woche seiner Aufsichtsbehörde anzuzeigen** (6).

[2]) Strafbestimmung wegen Verletzung der Pflicht zur Verschwiegenheit über Krankheiten der Versicherten s. § 141.

[3]) Über die Anzahl der Vertreter bestimmt die Satzung (1338).

[4]) Ist der Vorstand noch nicht gebildet oder weigert er sich, seine Geschäfte zu führen, so führt sie auf Kosten der Versicherungsanstalt der Vorsitzende des Vorstandes selbst oder durch Beauftragte. Soweit die Wahl der Vertreter nicht zustande kommt oder sie die Dienste verweigern, beruft sie der Vorsitzende des Versicherungsamts aus den wählbaren Personen (1359).

[5]) Form der Willenserklärungen des Vorstandes sowie seiner Unterschrift für die Versicherungsanstalt und seine Vertretung nach außen bestimmt die Satzung (1338).

der Vorstand eines Ausweises bedarf, genügt eine Bescheinigung der Aufsichtsbehörde über seine Zusammensetzung und den Umfang seiner Vertretungsmacht (6).

Die beamteten Mitglieder des Vorstandes werden von dem Gemeindeverbande bezw. der obersten Verwaltungsbehörde bestellt; eines von ihnen wird von der Anstellungsbehörde als Vorsitzender bezeichnet (1344). Die nichtbeamteten Mitglieder werden vom Ausschuß der Versicherungsanstalt gewählt (1353)[1]; sie verwalten ihr Amt als Ehrenamt[2]) und erhalten Ersatz der baren Auslagen, die Vertreter der Versicherten auch Ersatz für entgangenen Arbeitsverdienst (21)[3]. Die Wahlzeit dauert **vier** Jahre (16)[4]. Wählbar sind nur volljährige Deutsche **(ohne Unterschied des Geschlechts)** (12)[5]. **Die Wahl erfolgt nach den Grundsätzen der Verhältniswahl** (15).

---

[1]) Für die Mitglieder sind Stellvertreter in der erforderlichen Anzahl zu bestellen (10).

[2]) Die ehrenamtlichen Mitglieder dürfen nicht zugleich besoldete Beamte der Versicherungsanstalt sein (21).

[3]) Oder einen Pauschbetrag für Zeitverlust. Einen solchen Pauschbetrag kann die Satzung auch den Vertretern **der Arbeitgeber** zubilligen. Die Festsetzung der Pauschbeträge bedarf der Zustimmung der Behörde, welche die Satzung genehmigt (21).

[4]) Die Gewählten bleiben nach Ablauf dieser Zeit im Amt, bis ihre Nachfolger eintreten. Wer ausscheidet, kann wiedergewählt werden (16).

[5]) Nicht wählbar ist:

1. wer infolge strafgerichtlicher Verurteilung die Fähigkeit zur Bekleidung öffentlicher Ämter verloren hat oder wegen eines Verbrechens oder Vergehens, das den Verlust dieser Fähigkeit zur Folge haben kann, verfolgt wird, falls gegen ihn das Hauptverfahren eröffnet ist,
2. wer infolge gerichtlicher Anordnung in der Verfügung über sein Vermögen beschränkt ist (12).

Wählbar als Vertreter der Arbeitgeber ist, wer regelmäßig mindestens einen bei der Versicherungsanstalt versicherten Versicherungspflichtigen beschäftigt (13). Versicherte, welche regelmäßig **mehr als zwei** Versicherungspflichtige beschäftigen, werden den Arbeitgebern zugerechnet (14). Den Arbeitgebern stehen bevollmächtigte Betriebsleiter gleich (13).

Wählbar als Vertreter der Versicherten ist, wer bei der Versicherungsanstalt versichert ist (14). Bei Streit über die Gültigkeit der Wahl entscheidet die Aufsichtsbehörde (33). Arbeitgeber können die

Die Sitzungen des Vorstandes sind nicht öffentlich (11). Bei Stimmengleichheit gibt die Stimme des Vorsitzenden den Ausschlag (9). **Ist die Zahl der beamteten Mitglieder größer, als die Zahl der nichtbeamteten, so scheiden bei der Beschlußfassung nach näherer Bestimmung des Statuts soviel beamtete Mitglieder aus, daß die nichtbeamteten Mitglieder in der Mehrzahl sind** (1346)[1]. Der Vorstand kann in eiligen Fällen schriftlich abstimmen (7)[2]. Verstoßen Beschlüsse des Vorstandes gegen Gesetz oder Satzung, so hat sie der Vorsitzende des Vorstandes durch Beschwerde an die Aufsichtsbehörde zu beanstanden (8). **Bei Beratung über solche Gegenstände, welche das Privatinteresse eines Mitgliedes oder seiner Angehörigen berühren, muß sich das Mitglied der Teilnahme an der Beratung und Abstimmung enthalten, auch sich während der Beratung aus dem Sitzungszimmer entfernen** (23).

Der Vorsitzende kann gegen ein Mitglied des Vorstandes, das sich der Erfüllung seiner Pflichten entzieht, eine Geldstrafe bis zu fünfzig Mark (bei Wiederholung bis zu dreihundert Mark) verhängen[3][4]. **Die Strafe ist zurückzunehmen, wenn nachträg-**

Wahl nur aus ganz bestimmten, im Gesetz (17) angeführten Gründen ablehnen.

Die Satzung kann auch andere Ablehnungsgründe zulassen. Tritt während der Wahlzeit einer der im § 17 Absatz 1 Nr. 2—5 genannten Ablehnungsgründe ein, so ist der Gewählte auf seinen Antrag durch Beschluß des Vorstandes seines Amtes zu entheben (24). **Nach mindestens zweijähriger Amtsführung kann eine Wiederwahl für die nächste Wahlzeit abgelehnt werden** (17). Ein Arbeitgeber, der die Wahl ohne zulässigen Grund ablehnt, kann vom Vorsitzenden mit Geldstrafe bis zu fünfhundert Mark bestraft werden (18). Werden von einem Gewählten Tatsachen bekannt, die seine Wählbarkeit oder **seine Vertrauenswürdigkeit für die Geschäftsführung** ausschließen, so hat ihn der Vorstand seines Amtes durch Beschluß zu entheben (24).

[1] Die Gegenstände, für die im Vorstande die Mitwirkung der Vertreter der Arbeitgeber und Versicherten bei der Beratung und den Beschlüssen erforderlich ist, bestimmt die Satzung (1338).

[2] Im übrigen bestimmt über die Art der Beschlußfassung des Vorstandes die Satzung (1338).

[3] Den Arbeitgebern und ihren Angestellten sowie den Versicherungsträgern ist untersagt, die Versicherten in der Übernahme oder Ausübung eines Ehrenamts der Reichsversicherung zu beschränken oder sie wegen der Übernahme oder der Art der Ausübung eines solchen Ehren-

lich eine genügende Entschuldigung nachgewiesen wird (19)[1]. Die Mitglieder des Vorstandes haften der Versicherungsanstalt für getreue Geschäftsverwaltung wie Vormünder ihren Mündeln; **die Versicherungsanstalt kann auf Ansprüche aus der Haftung nur mit Genehmigung der Aufsichtsbehörde verzichten** (23)[2].

b) Der Ausschuß[3].

Jede Versicherungsanstalt hat einen Ausschuß von mindestens 10 Mitgliedern; er besteht je zur Hälfte aus Vertretern der beteiligten Arbeitgeber und Versicherten, welche im Bezirke der Versicherungsanstalt wohnen müssen[4]. Die Wahl erfolgt durch die Vertreter bei den Versicherungsämtern und zwar getrennt von Arbeitgebern und Versicherten (1351). Die Wahl erfolgt nach einer Wahlordnung, welche die oberste Verwaltungsbehörde erläßt; diese Behörde leitet auch die Wahl durch einen Beauftragten. Für jeden Vertreter werden mindestens zwei Ersatzmänner gewählt (1352)[5].

---

amts zu benachteiligen. Arbeitgeber oder ihre Angestellten, die gegen diese Bestimmung verstoßen, machen sich strafbar (139, 140). Vertragsbestimmungen, die dem zuwiderlaufen, sind nichtig.

[4]) Die Vertreter der Versicherten haben ihrem Arbeitgeber jede Einberufung zu den Organen der Versicherungsanstalt anzuzeigen. Tun sie es rechtzeitig, so gibt das Fernbleiben von der Arbeit dem Arbeitgeber keinen wichtigen Grund, das Arbeitsverhältnis ohne Einhalten einer Kündigungsfrist zu lösen (22).

[1]) Gegen die Strafverfügung findet die Beschwerde bei der Aufsichtsbehörde statt, welche endgültig entscheidet (20).

[2]) Ein Mitglied, das vorsätzlich zum Nachteil der Versicherungsanstalt handelt, wird mit Gefängnis bestraft (23).

[3]) Ist der Ausschuß noch nicht gebildet oder weigert er sich seine Geschäfte zu führen, so führt sie auf Kosten der Versicherungsanstalt der Vorsitzende des Vorstandes selbst oder durch Beauftragte. Soweit die Wahl der Vertreter nicht zustande kommt oder sie die Wahl verweigern, beruft sie der Vorsitzende des Versicherungsamts aus den wählbaren Personen (1359).

[4]) Über die Mitgliederzahl, Berufung, Rechte und Pflichten des Ausschusses, Bestellung seines Vorsitzenden, Art der Beschlußfassung sowie seine Vertretung nach außen bei Veräußerung oder Belastung von Grundstücken, bestimmt die Satzung (1338).

[5]) Sie ersetzen ihn, wenn er verhindert ist, und treten, wenn er ausscheidet, für den Rest der Wahlzeit in der Reihenfolge ihrer Wahl ein (1352).

Über sonstige allgemeine Wahlvorschriften, Wählbarkeit, Wahlzeit, Verhältniswahl, Ersatz für Auslagen und Arbeitsverdienst vergleiche das vorige Kapitel „Vorstand"[1]).

Die Sitzungen des Ausschusses sind nicht öffentlich (11). Bei Stimmengleichheit gibt die Stimme des Vorsitzenden den Ausschlag (9).

Zur ausschließlichen Zuständigkeit des Ausschusses gehört:

1. die Wahl der nichtbeamteten Vorstandsmitglieder,
2. die Festsetzung des Voranschlags[2]),
3. die Abnahme der Jahresrechnung,
4. die Änderung der Satzungen (1353).

Der Ausschuß vertritt neben dem Vorstande die Versicherungsanstalt bei Erwerb, Veräußerung oder Belastung von Grundstücken im Werte von mehr als eintausend Mark (1354)[3]). Der Ausschuß hat die Zustimmung zu erteilen zur Bildung von Rückversicherungsverbänden (1354).

c) Beamte der Versicherungsanstalt[4])[5]).

Soweit die im Hauptamt beschäftigten Bureau-, Kanzlei- und Unterbeamten der Versicherungsanstalt nicht nach Landesrecht staatliche oder gemeindliche Beamte sind, überträgt ihnen die

---

[1]) Bei Streit über die Wahlen entscheidet die Behörde, welche die Wahlordnung erlassen hat (1352).

[2]) Der Voranschlag muß mindestens zwei Wochen, bevor ihn der Ausschuß festsetzt, der Aufsichtsbehörde vorliegen. Sie beanstandet ihn, wenn er gegen Gesetz oder Satzung verstößt, **oder die Leistungsfähigkeit der Versicherungsanstalt zur Erfüllung der ihr obliegenden gesetzlichen Verpflichtungen gefährdet.** Berücksichtigt der Ausschuß die Anstände nicht, so muß der Vorstandsvorsitzende die Aufsichtsbehörde anrufen. Er hat das zu tun, wenn es die Aufsichtsbehörde verlangt. Es entscheidet der Beschlußsenat (1355).

[3]) Soweit es sich darum handelt, im Zwangsversteigerungsverfahren Grundstücke zu erwerben, die von der Versicherungsanstalt beliehen sind, ist der Vorstand allein zur Vertretung berechtigt (1354).

[4]) Strafbestimmung wegen Verletzung der Pflicht zur Verschwiegenheit bezüglich Krankheiten von Versicherten s. § 141.

[5]) Bei Annahme von Hilfskräften für die Versicherungsbehörden sollen geeignete Angestellte möglichst berücksichtigt werden, die bei den Versicherungsanstalten infolge der Neuordnung entbehrlich werden (EG. Art. 10).

Landesregierung die Rechte und Pflichten der staatlichen oder gemeindlichen Beamten (1348). Die Bezüge der Beamten sowie ihrer Hinterbliebenen trägt die Versicherungsanstalt (1349).

d) Satzung der Versicherungsanstalt[1]).

Die Satzung der Versicherungsanstalt beschließt der Ausschuß (1338)[2]). Die Satzung bedarf der Genehmigung der Aufsichtsbehörde (1339)[3]). Die Satzung darf nur mit Genehmigung der Aufsichtsbehörde geändert werden (1341)[3]).

---

[1]) Die Aufsichtsbehörde bestimmt den Tag, bis zu welchem die Versicherungsanstalten und die zugelassenen besonderen Kasseneinrichtungen (Sonderanstalten) die Änderung ihrer Satzungen nach der RVO. zu beschließen haben. Dieser Tag ist so zu bestimmen, daß die Satzungen am 1. Januar 1912 gültig werden können. Kommt ein Versicherungsträger der Anordnung nicht rechtzeitig nach, so ändert die Aufsichtsbehörde die Satzung (EG. Art. 81).

[2]) Die Satzung muß Sitz und Bezirk der Versicherungsanstalt angeben und bestimmen über:

1. Namen der Versicherungsanstalt,
2. Zahl der Vertreter der Arbeitgeber und der Versicherten im Vorstand,
3. die Gegenstände, für die im Vorstande die Mitwirkung der Vertreter der Arbeitgeber und Versicherten bei der Beratung und den Beschlüssen erforderlich ist,
4. Mitgliederzahl, Berufung, Rechte und Pflichten des Ausschusses, Bestellung seines Vorsitzenden, Art der Beschlußfassung sowie seine Vertretung nach außen im Falle des § 1354 Absatz 1 Satz 1,
5. Form der Willenserklärungen des Vorstandes sowie seiner Unterschrift für die Versicherungsanstalt, Art der Beschlußfassung des Vorstandes und seine Vertretung nach außen,
6. Vertretung der Versicherungsanstalt gegenüber dem Vorstand,
7. Höhe der Vergütungen nach § 21 Absatz 2, 3,
8. Aufstellung des Voranschlags,
9. Aufstellung und Abnahme der Jahresrechnung, soweit darüber nicht die oberste Verwaltungsbehörde bestimmt,
10. Veröffentlichung der Rechnungsabschlüsse,
11. Art der Bekanntmachungen,
12. Änderung der Satzung (1338).

[3]) Soll die Genehmigung versagt werden, so entscheidet über sie der Beschlußsenat. Wird die Genehmigung versagt, so entscheidet auf Beschwerde der Bundesrat (1339). Ist die Genehmigung endgültig

B. Versicherungsämter.[1])

Bei jeder unteren Verwaltungsbehörde wird eine **Abteilung für Arbeiterversicherung (Versicherungsamt)** errichtet (36)[2]). Die Versicherungsämter nehmen nach den Vorschriften der Reichsversicherungsordnung die Geschäfte der Reichsversicherung wahr[3]) und erteilen in Angelegenheiten der Reichsversicherung Auskunft (37)[4]). Der Leiter der unteren Verwaltungsbehörde ist der Vorsitzende des Versicherungsamts, für welchen ein oder mehrere

---

versagt, so hat in der vom Reichsversicherungsamt oder Landesversicherungsamt festgesetzten Frist der Ausschuß über eine neue Satzung zu beschließen. Kommt kein Beschluß zustande oder wird auch die neue Satzung endgültig nicht genehmigt, so erläßt das Reichsversicherungsamt oder das Landesversicherungsamt die Satzung und ordnet auf Kosten der Anstalt das zur Ausführung Erforderliche an (1340).

[1]) Soweit nicht die RVO. den Geschäftsgang oder das Verfahren ordnet, geschieht es durch Kaiserl. Verordnung mit Zustimmung des Bundesrats (35). Für die Übergangszeit — solange Versicherungsämter noch nicht bestehen — siehe Art. 7 und 8 des EG.

[2]) Die oberste Verwaltungsbehörde kann bestimmen, daß für die Bezirke mehrerer unterer Verwaltungsbehörden bei einer dieser Behörden ein gemeinsames Versicherungsamt errichtet wird. Ebenso können die Landesregierungen mehrerer Bundesstaaten für ihre Gebiete oder Teile davon die Errichtung eines gemeinsamen Versicherungsamts bei einer unteren Verwaltungsbehörde vereinbaren (36).

In Bundesstaaten, in denen die Einrichtung der Landesbehörden die Errichtung der Versicherungsämter bei den unteren Verwaltungsbehörden nicht zuläßt und nur ein Oberversicherungsamt besteht, können die Versicherungsämter auch als selbständige Behörden errichtet werden. Das Nähere bestimmt die oberste Verwaltungsbehörde (38).

[3]) Das Versicherungsamt ist insbesondere zuständig: für die Entscheidung von Streitigkeiten über Beitragsleistung (1459), für die Entgegennahme von Anträgen auf die Leistungen der Invaliden- und Hinterbliebenenversicherung (1613) und für die Vorbereitung dieser Anträge (1617).

[4]) Sie können nach den Vorschriften des Gesetzes die Versicherungsanstalten in deren Angelegenheiten unterstützen, z. B. bei der Überwachung der Beitragsleistung (1465) und bei der Überwachung der Rentenempfänger (1470). Die Landesregierung kann den Versicherungsämtern noch andere Aufgaben aus der knappschaftlichen Versicherung übertragen (37).

ständige Stellvertreter bestellt werden (39)[1]. Als Beisitzer des Versicherungsamts sind in den vom Gesetz bestimmten Fällen Versicherungsvertreter beizuziehen, je zur Hälfte Arbeitgeber und Versicherte (40)[2]. Die Zahl der zu wählenden Vertreter beträgt zusammen mindestens zwölf (41)[3]; sie werden von den Vorstandsmitgliedern der Krankenkassen gewählt, die im Bezirke des Versicherungsamts mindestens fünfzig Mitglieder haben (42)[4]. Die Stimmenzahl einer Kasse richtet sich nach ihrer Mitgliederzahl im Bezirke des Versicherungsamts und wird von ihm vor jeder Wahl festgesetzt (43)[5]. Die Wahl geschieht schriftlich und **nach**

---

[1]) Zum Stellvertreter kann bestellt werden, wer durch Vorbildung und Erfahrung auf dem Gebiete der Arbeiterversicherung geeignet ist. Die Bestellung bedarf der Zustimmung des Oberversicherungsamts, soweit nicht die ständigen Stellvertreter nach Landesrecht wie die höheren Verwaltungsbeamten bestellt werden (39).

[2]) Strafbestimmung wegen Verletzung der Pflicht zur Verschwiegenheit bezügl. Krankheiten usw. Versicherter s. § 141.

[3]) Die Zahl kann vom Versicherungsamte mit Genehmigung des Oberversicherungsamts sowie von diesem nach Anhören des Versicherungsamts erhöht werden. Ein Versicherungsvertreter darf nicht zugleich besoldeter Beamter des Versicherungsamts oder Versicherungsvertreter bei einem anderen Versicherungsamt oder Beisitzer bei einem Oberversicherungsamt oder nichtständiges Mitglied des Reichs- oder eines Landesversicherungsamts sein (41).

[4]) An der Wahl nehmen ferner teil die Vorstandsmitglieder der

1. knappschaftlichen Krankenkassen,
2. Ersatzkassen,
3. Seemannskassen und anderen obrigkeitlich genehmigten Vereinigungen von Seeleuten zur Wahrung ihrer Rechte,

soweit sie im Bezirke des Versicherungsamts mindestens fünfzig Mitglieder haben; die Ersatzkassen und die außerhalb des Bezirkes des Versicherungsamts seßhaften Kassen außerdem nur, wenn sie ihre Beteiligung an der Wahl dem Wahlleiter rechtzeitig anmelden und die Zahl ihrer Mitglieder in diesem Bezirke nachweisen. An Stelle der Vertreter der Versicherten im Vorstande wählen

bei den knappschaftlichen Krankenkassen die für den Bezirk des Versicherungsamts zuständigen Knappschaftsältesten,

bei den Ersatzkassen, die örtliche Verwaltungsstellen haben, die Geschäftsleiter der für den Bezirk des Versicherungsamts zuständigen örtlichen Verwaltungsstellen (42).

[5]) Diese Stimmenzahl wird auf die Vorstandsmitglieder und die an ihrer Statt nach § 42 Abs. 3 Wahlberechtigten gleichmäßig verteilt (43).

den Grundsätzen der Verhältniswahl. Die oberste Verwaltungsbehörde erläßt eine Wahlordnung. Der Vorsitzende des Versicherungsamts leitet die Wahl (45)[1]). Für die Versicherungsvertreter werden in der gleichen Weise Stellvertreter nach Bedarf bestellt, die für die vor Ablauf ihrer Wahlzeit Ausscheidenden einrücken (46). Wählbar sind nur Männer (47)[2]). Die Ver-

---

In den Kassenvorständen nehmen die Mitglieder aus den Arbeitgebern nur an der Wahl der Arbeitgebervertreter, die Mitglieder aus den Versicherten nur an der Wahl der Versichertenvertreter teil. Vorstände, die keine Arbeitgeber enthalten, nehmen nur an der Wahl der Versichertenvertreter teil. Bei Kassen der im § 42 Absatz 2 bezeichneten Art, die keine Vertreter der Versicherten im Vorstand haben, wählen sonst bei ihnen vorhandene Arbeitervertreter. Was von den Vorständen gilt, gilt entsprechend von den an ihrer Statt nach § 42 Absatz 3 Wahlberechtigten (44).

[1]) **Bei Streit über die Wahl entscheidet das Oberversicherungsamt endgültig** (45).

[2]) Die im Bezirke des Versicherungsamts wohnen oder ihren Betriebssitz haben oder beschäftigt werden, und die nicht nach § 12 ausgeschlossen sind (vgl. Anm. 5 S. 9). Wählbar sind nur Versicherte, ihre Arbeitgeber und deren bevollmächtigte Betriebsleiter. Versicherte werden den Arbeitgebern zugerechnet, wenn sie regelmäßig mehr als zwei Versicherungspflichtige beschäftigen (47). **Die Versicherungsvertreter sollen mindestens je zur Hälfte an der Unfallversicherung beteiligt sein** (48); sie sollen mindestens je zu einem Drittel am Sitze des Versicherungsamts selbst oder nicht über zehn Kilometer entfernt wohnen oder beschäftigt sein. **Bei der Wahl sollen die hauptsächlichen Erwerbszweige, insbesondere die Landwirtschaft, und die verschiedenen Teile des Bezirks berücksichtigt werden.** Die oberste Verwaltungsbehörde kann darüber besonderes oder abweichendes bestimmen (49). Über die Wahlzeit und die Ablehnungsgründe vgl. Anm. 4, 5 S. 9, 10; **über die Zulässigkeit anderer Ablehnungsgründe beschließt das Versicherungsamt** (50). Solange und soweit keine Wahl zustande kommt oder die Gewählten die Dienstleistung verweigern, beruft der Vorsitzende des Versicherungsamts Vertreter aus der Zahl der Wählbaren. Wer die Wahl oder die Berufung ohne zulässigen Grund ablehnt, kann vom Vorsitzenden des Versicherungsamts mit Geldstrafe bis zu fünfzig Mark bestraft werden. Das Versicherungsamt kann einen Vertreter von seinem Amte entbinden, wenn ein wichtiger Grund vorliegt. Auf eine Beschwerde entscheidet das Oberversicherungsamt (Beschlußkammer) endgültig. Werden von einem Versicherungsvertreter Tatsachen bekannt, die seine Wählbarkeit ausschließen oder eine grobe Verletzung seiner Amtspflicht darstellen, so

sicherungsvertreter verwalten ihr Amt unentgeltlich als Ehrenamt (54)[1]. **Das Versicherungsamt kann den Versicherungsvertretern als seinen Vertrauensmännern bestimmte Amtshandlungen auftragen** (55).

Jedes Versicherungsamt bildet einen oder mehrere **Spruchausschüsse** für die Sachen, die die Reichsversicherungsordnung dem Spruchverfahren überweist; der Spruchausschuß besteht aus dem Vorsitzenden des Versicherungsamts und je einem Vertreter der Arbeitgeber und der Versicherten (56)[2].

Jedes Versicherungsamt bildet ferner einen **Beschlußausschuß**[3]) für die Sachen, die dieses Gesetz dem Beschlußverfahren überweist[4]). Der Beschlußausschuß besteht aus dem Vorsitzenden des Versicherungsamts und zwei Versicherungsvertretern. Von diesen wählen die Vertreter der Arbeitgeber und der Versicherten je einen nebst mindestens je einem Stellvertreter aus ihrer Mitte in getrennter Wahl nach einfacher Stimmenmehrheit auf vier Jahre (57).

Sämtliche Kosten des Versicherungsamts trägt der Bundes-

---

enthebt der Vorsitzende ihn seines Amtes. Auf Beschwerde entscheidet das Oberversicherungsamt (Beschlußkammer) endgültig. Der Vorsitzende verpflichtet die Versicherungsvertreter vor ihrer ersten Dienstleistung auf die gewissenhafte Erfüllung ihrer Pflichten. Der Vorsitzende kann gegen einen Vertreter, der sich der Erfüllung seiner Pflichten entzieht, eine Geldstrafe bis zu dreißig Mark und im Wiederholungsfalle bis zu einhundert Mark verhängen. Er hat die Strafe zurückzunehmen, wenn nachträglich eine genügende Entschuldigung nachgewiesen wird. Auf Beschwerde entscheidet das Oberversicherungsamt (Beschlußkammer) endgültig (50, 51, 52, 53).

[1]) **Das Versicherungsamt erstattet ihnen ihre baren Auslagen. Daneben gewährt es den Versichertenvertretern Ersatz für entgangenen Arbeitsverdienst oder statt dessen einen Pauschbetrag für Zeitverlust. Einen solchen Pauschbetrag kann es auch den Vertretern der Arbeitgeber zubilligen.** Die Pauschbeträge bedürfen der Genehmigung des Oberversicherungsamts (Beschlußkammer) (54).

[2]) Über Zuständigkeit des Spruchausschusses siehe §§ 1771, 1772 ff.

[3]) **Die oberste Verwaltungsbehörde kann bestimmen, wie weit das Versicherungsamt technische, staatliche und gemeindliche Beamte seines Bezirkes als Beiräte mit beratender Stimme zum Beschlußverfahren zuziehen darf** (58).

[4]) siehe §§ 1780 ff., insbesondere § 1785.

staat. Ist das Versicherungsamt bei einer gemeindlichen Behörde errichtet, so trägt sie der Gemeindeverband, dessen Bezirk den des Versicherungsamts umfaßt (59)[1]. Die Versicherungsanstalten haben die in Spruchsachen entstehenden Barauslagen des Verfahrens **mit Ausnahme der Bezüge der Versicherungsvertreter** zu erstatten (59).

C. Oberversicherungsämter.[2]

Es wird in der Regel für den Bezirk einer höheren Verwaltungsbehörde ein **Oberversicherungsamt** errichtet (62)[3]. Die oberste Verwaltungsbehörde kann die Oberversicherungsämter an

[1]) Ist ein Versicherungsamt für die Bezirke mehrerer unterer Verwaltungsbehörden gemeinsam errichtet, so bestimmt die oberste Verwaltungsbehörde die Kostenverteilung (59). Sind einem Versicherungsamte Aufgaben aus der knappschaftlichen Versicherung übertragen, so haben die an diesen Aufgaben beteiligten Knappschaftsvereine oder Knappschaftskassen angemessene Beiträge zu den Kosten des Versicherungsamts zu leisten. Das Oberversicherungsamt setzt die Beiträge fest; gegen die Festsetzung ist die Beschwerde an die oberste Verwaltungsbehörde zulässig (60).

[2]) Soweit nicht die RVO. den Geschäftsgang und das Verfahren ordnet, geschieht es durch Kaiserliche Verordnung mit Zustimmung des Bundesrats (35). Für die Übergangszeit — solange Oberversicherungsämter noch nicht bestehen — siehe Art. 7 und 8 des EG.

Das Oberversicherungsamt tritt in Rechten und Pflichten an Stelle des Schiedsgerichts für Arbeiterversicherung. Die Akten sind an das Oberversicherungsamt abzugeben. Soweit das Gerät nicht Eigentum des Staates ist, zahlt er dafür eine angemessene Entschädigung. Bei Streit entscheidet ein Schiedsgericht nach §§ 1025 ff. der Zivilprozeßordnung. Die oberste Verwaltungsbehörde kann Näheres anordnen (EG. Art. 11). Die Versicherungsanstalt hat dem Oberversicherungsamte die Beamten, die sie dem Schiedsgericht für Arbeiterversicherung zur Verfügung gestellt hat, wenn es die oberste Verwaltungsbehörde anordnet, bis zum 1. April 1912 zu belassen (EG. Art. 12).

[3]) Die oberste Verwaltungsbehörde kann den Bezirk anders abgrenzen. Die Landesregierungen mehrerer Bundesstaaten können für ihre Gebiete oder Teile davon ein gemeinsames Oberversicherungsamt errichten (62). Oberversicherungsämter können von der obersten Verwaltungsbehörde auch errichtet werden für

1. Betriebsverwaltungen und Dienstbetriebe des Reichs oder der Bundesstaaten, die eigene Betriebskrankenkassen haben,

höhere Reichs- oder Staatsbehörden angliedern oder als selbständige Staatsbehörden errichten (64). Die Oberversicherungsämter nehmen nach den Vorschriften der Reichsversicherungsordnung die Geschäfte der Reichsversicherung als höhere Spruch-, Beschluß- und Aufsichtsbehörde wahr (61).

Das Oberversicherungsamt besteht aus dem Direktor,[1] den Mitgliedern[2] und den Beisitzern (68, 69). Die Beisitzer, deren Zahl vierzig beträgt, werden je zur Hälfte aus Arbeitgebern und Versicherten gewählt (71). Für die Wahl der Arbeitgeberbeisitzer erläßt das Reichsversicherungsamt eine Wahlordnung. Die Arbeitgeberbeisitzer werden **zur Hälfte** von den Arbeitgebermitgliedern im Ausschuß der zuständigen Versicherungsanstalt, **zur anderen Hälfte von den Vorständen der zuständigen landwirtschaftlichen und Vertrauensberufsgenossenschaft**[3] gewählt. Die **Beisitzer** aus den **Versicherten** werden **von den Versichertenvertretern bei den Versicherungsämtern des Bezirks des Oberversicherungsamts** nach den **Grundsätzen der Verhältniswahl gewählt** (73)[4]; die

---

2. Gruppen von Betrieben, für deren Beschäftigte Sonderanstalten die Invaliden- und Hinterbliebenenversicherung besorgen,
3. Gruppen von Betrieben, die Knappschaftsvereinen oder Knappschaftskassen angehören (63).

Die oberste Verwaltungsbehörde bestimmt den Sitz des Oberversicherungsamts (65).

[1]) Der Direktor wird auf Lebenszeit oder nach Landesrecht unwiderruflich ernannt (69).

[2]) Für jedes Mitglied wird mindestens ein Stellvertreter bestellt. Außer dem Direktor muß mindestens noch ein Mitglied vorhanden sein, welches als sein Stellvertreter gilt. Die Mitglieder (einschließlich des Direktors) werden im Hauptamt oder für die Dauer des Hauptamts aus der Zahl der öffentlichen Beamten ernannt (69).

[3]) **Die gewerblichen Berufsgenossenschaften, die See-Berufsgenossenschaft und die Ausführungsbehörden bestimmen für jedes Oberversicherungsamt eine Berufsgenossenschaft oder Ausführungsbehörde, die ihr Wahlrecht wahrnimmt** (Vertrauensberufsgenossenschaft bezw. -Ausführungsbehörde). Kommt keine Übereinstimmung zustande, so bestimmt das Reichsversicherungsamt das Nähere (72).

[4]) Die Stimmenzahl der Versichertenvertreter wird nach der Zahl der Krankenkassenmitglieder des Bezirks ihres Versicherungsamts von dem Oberversicherungsamte festgesetzt (73).

oberste Verwaltungsbehörde erläßt eine Wahlordnung. Die Wahl geschieht schriftlich. Der Direktor des Oberversicherungsamts leitet die Wahl (74)[1].

Über Wählbarkeit, Ablehnung der Wahl usw. vgl. S. 16.

Jedes Oberversicherungsamt bildet eine oder mehrere **Spruchkammern** für die Sachen, die die Reichsversicherungsordnung dem Spruchverfahren überweist. Die Spruchkammer besteht aus einem Mitgliede als Vorsitzendem und je zwei Beisitzern der Arbeitgeber und Versicherten (77).

Jedes Oberversicherungsamt bildet eine oder mehrere **Beschlußkammern** für die Sachen, die die Reichsversicherungsordnung dem Beschlußverfahren überweist[2]. Die Beschlußkammer besteht aus dem Vorsitzenden, einem zweiten Mitglied und zwei Beisitzern; von den letzteren wählen die Beisitzer der Arbeitgeber und Versicherten aus ihrer Mitte in getrennter Wahl je einen auf vier Jahre (78)[3].

Die oberste Verwaltungsbehörde führt die Aufsicht über das Oberversicherungsamt (79)[4].

Sämtliche Kosten des Oberversicherungsamts trägt der Bundesstaat. Die Versicherungsträger haben für jede Spruchsache, an der sie beteiligt sind, einen Pauschbetrag zu entrichten (80)[5].

---

[1]) Bei Streit über die Wahl entscheidet die Beschlußkammer des Oberversicherungsamts endgültig (74).

[2]) Vgl. §§ 1780 ff.

[3]) Mit einfacher Stimmenmehrheit; bei Stimmengleichheit gibt der Vorsitzende den Ausschlag (78).

[4]) **Sie gibt ihm die erforderlichen Hilfskräfte bei und beschafft seine Geschäftsräume.**

Die Bureau-, Kanzlei- und Unterbeamten haben **die Rechte und Pflichten der Reichs- oder Staatsbeamten,** wenn sie im Hauptamt und nicht nur vorübergehend oder zur Vorbereitung beschäftigt werden; das Nähere bestimmt die Landesregierung. Der Vorsitzende verpflichtet sie auf die gewissenhafte Erfüllung der Amtspflichten, soweit sie nicht bereits durch einen Diensteid verpflichtet sind (79).

[5]) Die Pauschbeträge werden vom Bundesrat für jedes Gebiet der Arbeiterversicherung einheitlich für das Reich festgesetzt und von vier zu vier Jahren nachgeprüft. Sie sollen die tatsächlichen Kosten der Oberversicherungsämter ohne die Bezüge der Mitglieder und ihrer Stellvertreter sowie ohne die Gebühren (1803) zur Hälfte decken (80).

D. Reichsversicherungsamt.[1])

Das Reichsversicherungsamt nimmt nach den Vorschriften der Reichsversicherungsordnung die Geschäfte der Reichsversicherung als oberste Spruch-, Beschluß- und Aufsichtsbehörde wahr; es hat seinen Sitz in Berlin (83). Seine Entscheidungen sind endgültig, soweit die Reichsversicherungsordnung nichts anderes vorschreibt (84).

Das Reichsversicherungsamt besteht aus ständigen und nichtständigen Mitgliedern (85). Der Präsident und die übrigen ständigen Mitglieder werden auf Vorschlag des Bundesrats vom Kaiser auf Lebenszeit ernannt[2]). Das Reichsversicherungsamt hat 32 nichtständige Mitglieder. Acht von ihnen wählt der Bundesrat, und zwar mindestens sechs aus seiner Mitte; je zwölf werden als Vertreter der Arbeitgeber und Versicherten gewählt (87)[3]). **Sechs von den zwölf Arbeitgebern werden von den Arbeitgebermitgliedern in den Ausschüssen der Versicherungsanstalten und in den entsprechenden Vertretungen der Sonderanstalten gewählt** (89)[4]), die übrigen sechs von den Vorständen der Berufsgenossenschaften und den Ausführungsbehörden (90)[5]). **Die zwölf Versicherten werden von den Versichertenbeisitzern bei den Oberversicherungsämtern gewählt** (91)[6]).

---

[1]) Soweit nicht die RVO. den Geschäftsgang und das Verfahren ordnet, geschieht es durch Kaiserl. Verordnung mit Zustimmung des Bundesrats (35).

[2]) Aus den ständigen Mitgliedern ernennt der Kaiser die Direktoren und **Senatspräsidenten**. Die übrigen Beamten ernennt der Reichskanzler (86).

[3]) Für die Arbeitgeber und Versicherten werden in der gleichen Weise Stellvertreter gewählt, die für die vor Ablauf ihrer Wahl Ausscheidenden in der Reihenfolge ihrer Wahl einrücken (87).

[4]) vier aus dem Bereiche der Gewerbeunfallversicherung, zwei aus dem der landwirtschaftlichen Unfallversicherung (89).

[5]) vier von den gewerblichen Berufsgenossenschaften und Ausführungsbehörden, davon einer von der See-Berufsgenossenschaft, zwei von den landwirtschaftlichen Berufsgenossenschaften und Ausführungsbehörden (90).

[6]) acht aus dem Bereiche der gewerblichen und der See-Unfallversicherung, davon einer aus dem Bereiche der See-Unfallversicherung, vier aus dem Bereiche der landwirtschaftlichen Unfallversicherung (91).

Die Wahl erfolgt unter der Leitung des Reichsversicherungsamts schriftlich in getrennter Wahl, für die Versicherten nach den **Grundsätzen der Verhältniswahl**, für die Arbeitgeber nach einfacher Stimmenmehrheit (88)[1]). Wählbar sind nur Männer (92)[2]). Die nichtständigen Mitglieder erhalten für die Teilnahme an den Sitzungen des Reichsversicherungsamts eine Jahresvergütung (96)[3]).

Das Reichsversicherungsamt bildet **Spruchsenate**[4]) und **Beschlußsenate**[5]) für die Sachen, die die Reichsversicherungsordnung

---

[1]) Bei Stimmengleichheit entscheidet das Los. Der Bundesrat setzt das Stimmenverhältnis der einzelnen Wahlkörper nach der Zahl ihrer Versicherten fest. Er kann bestimmen, wie nach Bezirken zu wählen ist (88).

[2]) die nicht nach Anm. 5 S. 9 ausgeschlossen sind (92). Wählbar als Arbeitgeber sind die stimmberechtigten Mitglieder der Berufsgenossenschaften, deren gesetzliche Vertreter, die bevollmächtigten Leiter ihrer Betriebe und die Beamten der Betriebe, für die eine Ausführungsbehörde bestellt ist. Wählbar nach § 89 sind außerdem auch Arbeitgeber, die Mitglied im Ausschuß einer Versicherungsanstalt oder in der entsprechenden Vertretung einer Sonderanstalt sind. Wählbar als Versicherte sind die nach der RVO. gegen Unfall Versicherten, ferner Versichertenmitglieder im Ausschuß einer Versicherungsanstalt, auch wenn sie nicht mehr gegen Unfall versichert sind, und für den Bereich der See-Unfallversicherung auch befahrene Schiffahrtskundige, die nicht Reeder, Reedereileiter oder Bevollmächtigte sind (93, 94).

[3]) und, sofern sie außerhalb Berlins wohnen, Ersatz der Kosten für Hin- und Rückreise (96).

[4]) Der Spruchsenat besteht aus einem Vorsitzenden, einem vom Bundesrate gewählten nichtständigen, einem ständigen Mitglied, zwei hinzugezogenen richterlichen Beamten, einem Arbeitgeber und einem Versicherten. An Stelle des vom Bundesrate gewählten kann ein ständiges Mitglied treten. Den Vorsitz im Spruchsenate führt der Präsident, ein Direktor oder ein Senatspräsident. Der Reichskanzler kann ein anderes ständiges Mitglied vorübergehend mit dem Vorsitz betrauen. Der Reichskanzler beruft die richterlichen Beamten zu den Spruchsenaten (98, 99).

[5]) Der Beschlußsenat besteht aus dem Präsidenten, einem Direktor oder einem Senatspräsidenten als Vorsitzendem, einem vom Bundesrate gewählten nichtständigen, einem ständigen Mitglied, einem Arbeitgeber und einem Versicherten. An Stelle des vom Bundesrat gewählten kann ein ständiges Mitglied treten (100).

dem Spruchverfahren bezw. dem Beschlußverfahren überweist (98, 100),[1]) sowie den **Großen Senat** (101)[2]).

Beim Reichsversicherungsamt wird eine Rechnungsstelle errichtet; sie führt die Arbeiten aus, die die Reichsversicherungsordnung ihr zuweist und unterstützt das Reichsversicherungsamt bei seinen rechnerischen und versicherungstechnischen Arbeiten (103).

Die Kosten des Reichsversicherungsamts einschließlich der Kosten des Verfahrens trägt das Reich (104).

E. Landesversicherungsämter.

Ein Landesversicherungsamt, das vor diesem Gesetze für das Gebiet eines Bundesstaats errichtet war, kann bestehen bleiben, solange zu seinem Bereiche mindestens vier Oberversicherungsämter gehören.[3]) Das Landesversicherungsamt tritt für dieses Gebiet an die Stelle des Reichsversicherungsamts, soweit die Reichsversicherungsordnung es vorschreibt (105). Das Landesversicherungsamt besteht aus ständigen und nichtständigen Mitgliedern. Die Landesregierung ernennt die ständigen Mitglieder. Als nichtständige Mitglieder werden in getrennter Wahl unter Leitung des Landesversicherungsamts schriftlich mindestens

---

[1]) Vgl. §§ 1780 ff.

[2]) Der Große Senat besteht aus dem Präsidenten oder seinem Vertreter, zwei vom Bundesrate gewählten Mitgliedern, zwei ständigen Mitgliedern, zwei richterlichen Beamten, zwei Arbeitgebern und zwei Versicherten. Sind alle vom Bundesrate gewählten Mitglieder des Reichsversicherungsamts verhindert, so werden statt ihrer ständige Mitglieder zugezogen. Die übrigen Mitglieder des Großen Senats und mindestens je zwei Stellvertreter werden nach näherer Bestimmung der Kaiserlichen Verordnung (§ 35 Absatz 2) für ein Geschäftsjahr im voraus bezeichnet. Dabei sind je zwei ständige Mitglieder und je zwei richterliche Beamte sowie deren Stellvertreter besonders zu bezeichnen für die Sachen der Krankenversicherung, Unfallversicherung, Invaliden- und Hinterbliebenenversicherung (101, 102).

[3]) Wird ein Landesversicherungsamt aufgehoben, so regelt der Reichskanzler mit Zustimmung der zuständigen obersten Verwaltungsbehörde den Übergang der Befugnisse auf das Reichsversicherungsamt (EG. Art. 13).

je acht Vertreter der Arbeitgeber und der Versicherten gewählt (106) [1]).

F. Sonstige Behörden.

Die oberste Verwaltungsbehörde bestimmt:

1. welchen Staatsbehörden und welchen Behörden und Vertretungen von Gemeindeverbänden und Gemeinden die Aufgaben zukommen, die dieses Gesetz den höheren und den unteren Verwaltungsbehörden, den Ortspolizeibehörden, den gemeindlichen Behörden, den Gemeindeverbänden und Gemeinden sowie ihren Behörden und Vertretungen zuweist,
2. welche Verbände als Gemeindeverbände zu gelten haben; eine einzelne Gemeinde gilt als Gemeindeverband im Sinne dieses Gesetzes nur dann, wenn es die oberste Verwaltungsbehörde bestimmt,
3. ob und welche örtlichen Geschäfte der Reichsversicherung von den Gemeindebehörden an Stelle der Versicherungsämter erledigt werden sollen.

Die Bestimmungen werden im Reichsanzeiger veröffentlicht (111).

---

[1]) Davon entfällt je die eine Hälfte auf den Bereich der landwirtschaftlichen, die andere auf den der gewerblichen Unfallversicherung (106). Die Arbeitgeber werden gewählt von

1. den Arbeitgebermitgliedern in den Ausschüssen der Versicherungsanstalten und in den entsprechenden Vertretungen der Sonderanstalten, die für das Gebiet des Bundesstaats errichtet sind oder es umfassen,
2. den Vorständen der Berufsgenossenschaften und den Ausführungsbehörden, die Betriebe mit dem Sitze im Gebiet des Bundesstaats umfassen. Wo sich dieses Gebiet mit dem Bezirk einer oder mehrerer Sektionen deckt, wählen die Sektionsvorstände an Stelle des Genossenschaftsvorstandes.

Die Versicherten werden von den Versichertenbeisitzern der Oberversicherungsämter gewählt, die für das Gebiet des Bundesstaats errichtet sind oder es umfassen. Das Stimmenverhältnis setzt die Landesregierung nach der Zahl der Versicherten fest (107).

G. Aufsicht.

Die Aufsicht über die Versicherungsanstalten[1]) führt das Reichsversicherungsamt (1381)[2]). Das Aufsichtsrecht der Aufsichtsbehörde erstreckt sich darauf, daß Gesetz und Satzung beobachtet werden (30)[3]).

Kapitel II. Durchführung der Versicherung.

A. Umfang der Versicherung.

a) Versicherungspflicht.

Versicherungspflichtig sind vom vollendeten 16. Lebensjahr an[4])

1. Arbeiter, Gehilfen, Gesellen, Lehrlinge, Dienstboten,
2. Betriebsbeamte, Werkmeister und **andere Angestellte in**

---

[1]) **Der Aufsicht unterstehen auch die vom Versicherungsträger errichteten oder unterhaltenen Genesungsheime, Heil- und Pflegeanstalten. Die Aufsichtsbehörde kann zu ihren Besichtigungen Vertreter der Arbeitgeber und Versicherten zuziehen** (34).

[2]) Ist für einen Bundesstaat ein Landesversicherungsamt errichtet, so führt es die Aufsicht über die Versicherungsanstalten, die nicht über dessen Gebiet hinausreichen (1382).

[3]) Die Aufsichtsbehörde kann jederzeit die Geschäfts- und Rechnungsführung des Versicherungsträgers prüfen. Die Mitglieder seiner Organe, seine Vertrauensmänner, **Beamten und Angestellten** haben der Aufsichtsbehörde oder ihren Beauftragten auf Verlangen alle Bücher, Rechnungen, Belege und Verhandlungen sowie die von ihnen verwahrten Urkunden, Wertpapiere und Bestände vorzulegen und alles mitzuteilen, was zur Ausübung des Aufsichtsrechts gefordert wird. Die Aufsichtsbehörde kann verlangen, daß die Organe zu Sitzungen einberufen werden; wird dem nicht entsprochen, so kann sie die Sitzungen selbst anberaumen und die Verhandlungen leiten. Sie entscheidet, unbeschadet der Rechte Dritter und soweit das Gesetz nichts anderes vorschreibt, bei Streit über Rechte und Pflichten der Organe und ihrer Mitglieder, über die Auslegung der Satzung und über die Gültigkeit der Wahlen (31, 32, 33). Über sonstige Funktionen der Aufsichtsbehörde siehe unter Heilverfahren S. 56 und unter Vermögensverwaltung S. 76.

[4]) **Versicherungspflichtig sind auch Deutsche, die bei einer amtlichen Vertretung des Reichs oder eines Bundesstaats im Ausland oder bei deren Leitern oder Mitgliedern beschäftigt sind** (1228).

ähnlich gehobener Stellung, sämtlich, wenn diese Beschäftigung ihren Hauptberuf bildet,

3. Handlungsgehilfen und -lehrlinge, **Gehilfen und Lehrlinge in Apotheken,**
4. Bühnen- und Orchestermitglieder **ohne Rücksicht auf den Kunstwert der Leistungen,**
5. Lehrer und Erzieher,
6. die Schiffsbesatzung deutscher Seefahrzeuge[1]) und die Besatzung der Fahrzeuge der Binnenschiffahrt (1226).

Voraussetzung der Versicherungspflicht ist eine Beschäftigung gegen Entgelt[2]), für die unter Nr. 2—5 Bezeichneten sowie für Schiffer, daß nicht ihr regelmäßiger Jahresarbeitsverdienst 2000 Mark übersteigt (1226). Die Versicherungspflicht kann allgemein oder in einzelnen Bezirken für bestimmte Berufszweige durch den Bundesrat erstreckt werden auf

1. Gewerbtreibende und andere Betriebsunternehmer, die in ihren Betrieben regelmäßig keine oder **höchstens einen** Versicherungspflichtigen beschäftigen,
2. Hausgewerbtreibende[3]) ohne Rücksicht auf die Zahl ihrer hausgewerblich Beschäftigten (1229).

b) Befreiung von der Versicherungspflicht.

Versicherungsfrei sind:

1. die in Betrieben oder im Dienste des Reichs, eines

---

[1]) Als deutsches Seefahrzeug gilt jedes Fahrzeug, das unter deutscher Flagge fährt und ausschließlich oder vorzugsweise zur Seefahrt benutzt wird. Dadurch, daß Eingeborene der Schutzgebiete die Reichsflagge führen (§ 10 des Schutzgebietsgesetzes, RGBl. 1900 S. 812), wird das Schiff nicht zu einem deutschen Seefahrzeug im Sinne dieses Gesetzes (163).

[2]) Zum Entgelt gehören neben Gehalt oder Lohn auch Gewinnanteile, Sach- und andere Bezüge, die der Versicherte, **wenn auch nur gewohnheitsmäßig,** statt des Gehaltes oder Lohnes oder neben ihm von dem Arbeitgeber oder einem Dritten erhält. Der Wert der Sachbezüge wird nach Ortspreisen berechnet, die das Versicherungsamt festsetzt (160). Eine Beschäftigung, für die als Entgelt nur freier Unterhalt gewährt wird, ist versicherungsfrei (1227). **Die Beschäftigung eines Ehegatten durch den anderen begründet keine Versicherungspflicht** (159).

[3]) Als Hausgewerbtreibende gelten die selbständigen Gewerbtreibenden, die in eigenen Betriebsstätten im Auftrag und für Rechnung

Bundesstaates, eines Gemeindeverbandes, einer Gemeinde oder eines Versicherungsträgers Beschäftigten, wenn ihnen Anwartschaft auf Ruhegeld im Mindestbetrage der Invalidenrente nach den Sätzen der ersten Lohnklasse **sowie auf Witwenrente** nach den Sätzen der gleichen Lohnklasse **und auf Waisenrente** gewährleistet ist. Das Gleiche gilt für Lehrer und Erzieher an öffentlichen Schulen oder Anstalten (1234) [1]),

2. Beamte des Reichs, der Bundesstaaten, der Gemeindeverbände, der Gemeinden und der Versicherungsträger, Lehrer und Erzieher an öffentlichen Schulen oder Anstalten, solange sie lediglich für ihren Beruf ausgebildet werden, Personen des Soldatenstandes, die eine der im § 1226 bezeichneten Tätigkeiten im Dienste **oder während der Vorbereitung zu einer bürgerlichen Beschäftigung ausüben**, auf die § 1234 anzuwenden ist, Personen, die während der wissenschaftlichen Ausbildung für ihren zukünftigen Beruf gegen Entgelt unterrichten (1235),
3. Personen, welche eine reichsgesetzliche Invaliden- **oder Hinterbliebenenrente** beziehen oder invalide sind (1236).

Der Bundesrat bestimmt,

wieweit vorübergehende Dienstleistungen versicherungsfrei bleiben (1232).

Der Bundesrat kann bestimmen,

daß Ausländer versicherungsfrei sind, denen die Behörde den Aufenthalt im Inlande nur für eine bestimmte Dauer gestattet hat. Die Arbeitgeber zahlen dann nach Anordnung des Reichsversicherungsamts so viel an die Versicherungsanstalt, wie sie sonst aus eigenen Mitteln zahlen müßten (1233).

---

anderer Gewerbtreibender gewerbliche Erzeugnisse herstellen oder bearbeiten. Sie gelten dafür auch dann, wenn sie die Roh- oder Hilfstoffe selbst beschaffen, sowie für die Zeit, in der sie vorübergehend für eigene Rechnung arbeiten (162).

[1]) **Nach dem 1. Januar 1912 werden diejenigen wieder versicherungspflichtig, welche gemäß § 5 Abs. 1, 2 InvVersG. befreit waren, wenn nicht bei ihnen die Voraussetzungen des § 1234 RVO. zutreffen. Dasselbe gilt für die nach § 6 Abs. 1, § 7 InvVersG. Befreiten, solange sie nicht nach der RVO. neu von der Versicherungspflicht befreit sind (EG. Art. 73).**

Auf Antrag werden von der Versicherungspflicht befreit:

1. Personen, denen vom Reiche, einem Bundesstaate, einem Gemeindeverband, einer Gemeinde oder einem Versicherungsträger oder auf Grund früherer Beschäftigung als Lehrer oder Erzieher an öffentlichen Schulen oder Anstalten Ruhegeld, Wartegeld oder ähnliche Bezüge im Mindestbetrage der Invalidenrente nach den Sätzen der ersten Lohnklasse bewilligt sind **und daneben Anwartschaft auf Hinterbliebenenfürsorge (1234) gewährleistet ist (1237),**
2. **Versicherungspflichtige, die während oder nach der Zeit eines Hochschulunterrichts zur Ausbildung für ihren künftigen Beruf oder in einer Stellung beschäftigt werden, die den Übergang zu einer der Hochschulbildung entsprechenden versicherungsfreien Beschäftigung bildet** (1238),
3. Personen, welche im Laufe eines Kalenderjahrs Lohnarbeit nur in bestimmten Jahreszeiten für nicht mehr als zwölf Wochen oder überhaupt für nicht mehr als fünfzig Tage übernehmen, im übrigen aber ihren Unterhalt selbständig erwerben oder ohne Entgelt tätig sind. Die Befreiung ist nur zulässig, solange nicht einhundert nach § 1279 anrechnungsfähige Wochenbeiträge entrichtet worden sind. Der Bundesrat kann näheres bestimmen (1239).

Über den Antrag auf Befreiung entscheidet das für den Wohnsitz des Antragstellers zuständige Versicherungsamt (1240)[1]. Das Versicherungsamt widerruft die Befreiung, sobald ihre Voraussetzungen nicht mehr vorliegen (1241)[2].

c) Freiwillige Versicherung.

Zum freiwilligen Eintritt in die Versicherung (Selbstversicherung) sind bis zum vollendeten vierzigsten Lebensjahre berechtigt,

---

[1]) Hat der Antragsteller im Inland keinen Wohnsitz, so entscheidet das Versicherungsamt seines dauernden Aufenthalts. Auf Beschwerde entscheidet das Oberversicherungsamt endgültig. Die Befreiung wirkt vom Eingang des Antrags an (1240).

[2]) Auf Beschwerde entscheidet das Oberversicherungsamt endgültig (1241).

1. die im § 1226 unter Nr. 2—5 Bezeichneten und Schiffer, wenn ihr regelmäßiger Jahresarbeitsverdienst mehr als 2000 Mark, aber nicht über 3000 Mark beträgt,
2. Gewerbtreibende und andere Betriebsunternehmer, die in ihren Betrieben regelmäßig keine oder höchstens zwei Versicherungspflichtige beschäftigen, sowie Hausgewerbtreibende,
3. Personen, die nach den §§ 1227, 1232 versicherungsfrei sind (1243).

Wer aus einem versicherungspflichtigen Verhältnis oder aus einem die Berechtigung zur Selbstversicherung begründenden Verhältnis ausscheidet, kann die Versicherung freiwillig fortsetzen oder später erneuern (1243, 1244).

B. Oertliche Zuständigkeit für die Versicherung.

Die Versicherung hat bei derjenigen Versicherungsanstalt zu erfolgen, in deren Bezirk die zu Versichernden beschäftigt sind (1329)[1]. Beschäftigungsort ist der Ort, an dem die Beschäftigung tatsächlich stattfindet (153)[2]. Für Beschäftigungsverhältnisse ohne feste Betriebsstätte gilt als Beschäftigungsort der Sitz des Betriebs (154)[3].

---

[1]) Soweit sie nicht ihrer Versicherungspflicht in Sonderanstalten genügen. Werden Personen in einem Betriebe beschäftigt, dessen Sitz in dem Bezirk einer anderen Versicherungsanstalt liegt, so können sie mit Zustimmung der beteiligten Versicherungsanstalten auch bei der des Betriebsitzes versichert werden. Mitglieder einer Betriebskrankenkasse müssen auf Antrag des Arbeitgebers dort versichert werden. Beschäftigt ein Betrieb, der seinen Sitz im Inland hat, vorübergehend Personen im Ausland, so sind sie bei der Versicherungsanstalt des Betriebsitzes versichert (1329, 1330).

[2]) Für Versicherte, die an einer festen Arbeitsstätte (Betrieb-, Dienststätte) beschäftigt werden, gilt diese als Beschäftigungsort auch, während sie außerhalb für den Arbeitgeber einzelne Arbeiten von geringer Dauer ausführen. Das Gleiche gilt für Versicherte, die von einer festen Arbeitsstätte aus nur mit einzelnen Arbeiten wechselnd in Bezirken verschiedener Orts- oder Land-Krankenkassen beschäftigt werden. Es gilt ferner für Versicherte, die nur für einzelne Arbeiten außerhalb der festen Arbeitsstätte angenommen sind, sofern diese und ihr Arbeitsort im Bezirke desselben Versicherungsamts liegen (153).

[3]) Seeleute sind bei der Versicherungsanstalt zu versichern, in deren Bezirk der Heimathafen des Schiffes liegt (1485). Für ausländische

C. Beitragsleistung.

Die Arbeitgeber[1]) und die Versicherten[2]) entrichten für jede Woche der versicherungspflichtigen Beschäftigung (Beitragswoche)[3]) laufende Beiträge zu gleichen Teilen (1387)[4]). Der Arbeitgeber[5]), der den Versicherten die Beitragswoche hindurch be-

---

Binnenschiffe gilt, vorbehaltlich einer anderen Bestimmung des Bundesrats, als Beschäftigungsort der Sitz der Versicherungsanstalt, in deren Bezirk das Schiff bei Überfahren der Grenze zuerst eintritt (1331). Für Versicherte, die eine Betriebsverwaltung zu einer in verschiedenen Gemeinden wechselnden Beschäftigung angenommen hat, gilt die Gemeinde als Beschäftigungsort, wo die unmittelbare Leitung der Arbeiten ihren Sitz hat. Das Oberversicherungsamt kann anders darüber bestimmen, nachdem es die beteiligten Verwaltungen und Gemeinden oder Gemeindeverbände gehört hat. Für Versicherte, die zu landwirtschaftlicher, in verschiedenen Gemeinden wechselnder Beschäftigung angenommen sind, gilt der Sitz des Betriebs (963, 964) als Beschäftigungsort (155, 156).

[1]) Der Arbeitgeber darf die Pflichten, die ihm die RVO. oder die Satzung auferlegt, Betriebsleitern, Aufsichtspersonen **oder anderen Angestellten seines Betriebes** übertragen. Handeln solche Stellvertreter den Vorschriften zuwider, die den Arbeitgeber mit Strafe bedrohen, so trifft sie die Strafe. Neben ihm ist der Arbeitgeber strafbar, wenn

1. die Zuwiderhandlung mit seinem Wissen geschehen ist oder
2. er bei der Auswahl und Beaufsichtigung der Stellvertreter nicht die im Verkehr erforderliche Sorgfalt beobachtet hat; in diesem Falle darf gegen den Arbeitgeber auf keine andere Strafe als auf Geldstrafe erkannt werden.

Die Zahlung des Ein- bis Zweifachen der rückständigen Beiträge (1488) kann auch dem Stellvertreter auferlegt werden. Neben ihm haftet für diesen Betrag der Arbeitgeber, falls er nach Abs. 2 bestraft ist (1494).

[2]) Den Arbeitgebern und ihren Angestellten ist untersagt, durch Übereinkunft oder Arbeitsordnung zum Nachteil der Versicherten die Anwendung der Vorschriften der Reichsversicherungsordnung ganz oder teilweise auszuschließen. Arbeitgeber oder ihre Angestellten, die gegen diese Bestimmung verstoßen, machen sich strafbar. Vertragsbestimmungen, die dem zuwiderlaufen, sind nichtig (139, 140).

[3]) Die Beitragswoche beginnt mit Montag (1387).

[4]) Rentenansprüche dürfen auf geschuldete Beiträge aufgerechnet werden (1324).

[5]) Der Bundesrat kann bestimmen, wieweit Gewerbetreibende (Auftraggeber, § 469) die Pflichten der Arbeitgeber zu erfüllen haben für

schäftigt, hat für sich und ihn den Beitrag zu entrichten[1]). Der Arbeitgeber entrichtet die Beiträge, indem er bei der Lohnzahlung[2]) für die Dauer der Beschäftigung[3]) Marken nach der

---

1. die in ihrem Auftrag und für ihre Rechnung arbeitenden Hausgewerbetreibenden und deren hausgewerblich Beschäftigte,
2. die in ihrem Auftrag von Zwischenpersonen, Ausgebern, Faktoren, Zwischenmeistern hausgewerblich Beschäftigten.

Der Bundesrat kann bestimmen, wieweit die deutschen Bediensteten ausländischer Staaten und solcher Personen, welche nicht der inländischen Gerichtsbarkeit unterstehen, die Pflichten der Arbeitgeber zu erfüllen haben (1230, 1231).

Die Reeder dürfen die Beiträge für Seeleute nach dem Mannschaftsbedarf der einzelnen Schiffe entrichten, wie er für ihre Unfallversicherung abgeschätzt ist. Die Versicherungsanstalt bestimmt das Nähere. Der Bundesrat kann für die Entrichtung der Beiträge ein anderes Verfahren anordnen, als es die RVO. vorschreibt (1486).

[1]) Beschäftigen mehrere Arbeitgeber den Versicherten während der Woche, so zahlt der erste von ihnen den ganzen Betrag. Hat weder er noch der Versicherte selbst den Beitrag entrichtet (1439), so hat der nächste Arbeitgeber den Beitrag zu entrichten, kann aber von dem ersten Ersatz beanspruchen. Ist der Versicherte gleichzeitig von mehreren Arbeitgebern versicherungspflichtig beschäftigt, so haften sie als Gesamtschuldner. Läßt sich die tatsächliche Arbeitszeit nicht feststellen, so ist der Beitrag für die Zeit zu entrichten, die für die Arbeit annähernd erforderlich ist. Bei Streit entscheidet auf Antrag eines Teiles das Versicherungsamt endgültig. Die Versicherungsanstalt kann mit Genehmigung des Reichsversicherungsamts oder des Landesversicherungsamts (1382) für die Berechnung besondere Bestimmungen erlassen (1426, 1427).

[2]) Wenn eine Lohnzahlung nicht stattfindet, sind die Marken spätestens bei der Beendigung der Beschäftigung einzukleben (1428). **Bei Versicherten, die durch Vertrag für mindestens ein Vierteljahr dem Arbeitgeber zur Arbeit verpflichtet sind, kann der Arbeitgeber die Marken zu anderer Zeit, spätestens in der letzten Woche jeden Vierteljahrs, einkleben. Auf jeden Fall sind die Marken bei Ablauf der Beschäftigung einzukleben.** Die Versicherungsanstalt kann den Arbeitgebern gestatten, die Marken zu anderer Zeit einzukleben (1429, 1430).

[3]) Geleistete Militärdienste werden durch die Militärpapiere nachgewiesen. Krankheitswochen werden durch Bescheinigungen nachgewiesen. Nach Ablauf der Krankenhilfe oder der Fürsorge während der Genesung hat der Vorstand der Krankenkasse, der Ersatzkasse, des Versicherungsvereins auf Gegenseitigkeit oder der auf Grund landesrechtlicher Vorschriften errichteten Hilfskasse die Bescheinigung aus-

Lohnklasse des Versicherten in die Quittungskarte klebt (1428)[1]. Die Marken[2][3]) werden von der Versicherungsanstalt des Beschäftigungsorts ausgegeben (1428)[4] und werden von den Postanstalten ihres Bezirkes und besonderen Verkaufsstellen der Versicherungsanstalten für den Nennwert verkauft (1412). Die Marken müssen entwertet werden (1431)[5]. Die Quittungskarten[6])

---

zustellen. Im übrigen hat es der Gemeindevorstand zu tun. Das Versicherungsamt kann den Vorstand der Kasse oder des Versicherungsvereins auf Gegenseitigkeit durch Geldstrafen bis zu hundert Mark anhalten, diese Verpflichtung zu erfüllen. Für die in Reichs- und Staatsbetrieben Beschäftigten kann die vorgesetzte Dienstbehörde die Bescheinigungen ausstellen. In diesen Fällen ist die Krankenkasse von der Verpflichtung zur Ausstellung der Bescheinigungen vom Versicherungsamte zu entbinden (1438). **Wird Invaliden- oder Witwenrente von neuem oder an Stelle einer Krankenrente oder wird eine Altersrente bewilligt, so wird die Zeit des früheren Rentenbezugs dem Versicherten ebenso angerechnet wie eine nachgewiesene Krankheitszeit** (1394 Abs. 2, 1309).

[1]) Strafbestimmung s. § 1488.

[2]) Das Reichsversicherungsamt bestimmt die Unterscheidungsmerkmale der Marken sowie die Zeitabschnitte, für die sie ausgegeben werden sollen. Es kann die Gültigkeitsdauer der ausgegebenen Marken beschränken. Innerhalb zweier Jahre nach Ablauf der Gültigkeitsdauer können ungültig gewordene Marken bei den Verkaufsstellen umgetauscht werden (1411).

[3]) Für die Zeit nach dem 1. Januar 1912 dürfen Marken in alten Werten (130 InvVersG.) nicht mehr verwendet werden. Ungültig gewordene Marken können binnen zwei Jahren nach Ablauf ihrer Gültigkeitsdauer bei den Markenverkaufsstellen gegen gültige Marken im gleichen Geldwert umgetauscht werden (EG. Art. 72).

[4]) Strafbestimmung bezüglich falscher Marken s. § 1496, bezüglich Wiederverwendung bereits verwendeter Marken s. § 1497.

[5]) **Als Tag der Entwertung soll der letzte Tag desjenigen Zeitraums angegeben werden, für welchen die Marke gilt.** Der Bundesrat bestimmt das Nähere und kann Zuwiderhandlungen mit Strafe bedrohen (1431).

[6]) Die Quittungskarte enthält Jahr und Tag der Ausstellung und die Vorschriften der §§ 1424, 1425, 1495. Die übrige Einrichtung bestimmt der Bundesrat (1416). Die Karte darf nur die gesetzlich vorgeschriebenen Angaben enthalten und keine besonderen Merkmale tragen; vor allem darf aus ihr nichts über Führung oder Leistungen des Inhabers zu entnehmen sein. Karten, die dagegen verstoßen (Strafbestimmung s. 1495), hat jede Behörde, der sie zugehen, einzubehalten und durch neue zu ersetzen. Die nachweisbaren Beiträge werden beglaubigt übertragen. **Die beteiligten Versicherungsanstalten**

werden von den von der obersten Verwaltungsbehörde bestimmten Stellen ausgegeben (1419). Der Versicherte hat sich die Quittungskarte ausstellen zu lassen und sie zum Einkleben der Marken rechtzeitig vorzulegen (1414)[1]. Binnen zwei Jahren nach dem Tage der Ausstellung soll die Karte zum Umtausch eingereicht werden (1420)[2]. Niemand darf eine Quittungskarte wider den Willen des Inhabers zurückbehalten (1425)[3].

---

werden benachrichtigt (1424). Jede Karte bietet Raum für mindestens zweiundfünfzig Wochenmarken. Die Karten werden für jeden Versicherten fortlaufend beziffert. Die erste Karte wird am Kopfe mit dem Namen der Versicherungsanstalt versehen, in deren Bezirk der Versicherte zur Zeit der Ausstellung beschäftigt ist, jede folgende mit dem Namen der vorhergehenden (Ursprungsanstalt). Weicht die Bezeichnung einer späteren Karte ab, so ist der Name auf der ersten maßgebend (1418). Die Kosten der Karte trägt die Versicherungsanstalt des Ausgabebezirkes (1417).

[1] Die Ortspolizeibehörde kann ihn dazu durch Geldstrafen bis zu zehn Mark anhalten. Hat er keine Quittungskarte oder weigert er sich, sie vorzulegen, so kann sie der Arbeitgeber beschaffen und die Kosten bei der nächsten Lohnzahlung einbehalten. Der Versicherte kann auf seine Kosten stets eine neue Karte gegen Rückgabe der alten verlangen (1414, 1415).

[2] **Ist dies versäumt, so muß im Streitfall der Versicherte beweisen, daß die Anwartschaft** (s. S. 43) **erhalten ist** (1420). Die Ausgabestellen rechnen, wenn die Karte zurückgegeben wird, nach den eingeklebten Marken die Beitragswochen für die einzelnen Lohnklassen auf. Gleichzeitig ist die Dauer der nachgewiesenen Militärdienste und der bescheinigten Krankheiten anzugeben, die in die Zeit der Geltung der Karte fallen. Die Ausgabestellen bescheinigen dem Inhaber die Endzahlen. **Die Kosten für die Muster der Bescheinigungen über die Aufrechnung trägt die Versicherungsanstalt des Ausgabebezirkes** (1419). Verlorene, unbrauchbar gewordene oder zerstörte Quittungskarten werden durch neue ersetzt. Nachweisbare Beiträge werden beglaubigt übertragen; **die beteiligten Versicherungsanstalten werden vorher gehört,** wenn nicht die unbrauchbar gewordene Karte vorgelegt wird, und in jedem Falle nachher unterrichtet (1421). Der Versicherte kann gegen den Inhalt der Bescheinigung (1419 Abs. 3) und gegen die Übertragung oder deren Ablehnung (1421 Abs. 2) Beschwerde beim Versicherungsamt erheben. Gegen die Übertragung (1421 Abs. 2) können es auch die Versicherungsanstalten. Das Versicherungsamt entscheidet endgültig (1422). Die eingereichten Karten gehen der Versicherungsanstalt des Bezirks zu. Diese gibt sie nach Prüfung und Berichtigung der Eintragungen auf der Außenseite an die Ursprungsanstalt (1418) weiter.

[3] umseitig.

Die Versicherungspflichtigen müssen sich bei der Lohnzahlung[1]) die Hälfte der Beiträge[2]) vom Barlohn[3]) abziehen lassen (1432)[4]). Auch der Versicherte selbst kann die vollen Beiträge entrichten; der Arbeitgeber hat ihm die Hälfte der Beiträge zu erstatten (1439)[5]). Freiwillig Versicherte verwenden Marken der Versicherungsanstalt, in deren Bezirk sie beschäftigt sind oder sich

Die Ursprungsanstalt kann den Inhalt aller Karten desselben Versicherten in Sammelkarten übertragen und sie statt der Einzelkarten aufbewahren. Der Bundesrat bestimmt das Nähere. Er bestimmt auch, wann und wie sonst Quittungskarten zu vernichten sind (1423).

[3]) Dies gilt nicht für die zuständigen Stellen, wenn sie die Karten zu Zwecken des Umtauschs, der Berichtigung, Aufrechnung, Übertragung, Beitragsüberwachung oder beim Einzugsverfahren zurückbehalten. Wer Karten dieser Vorschrift zuwider zurückbehält, ist dem Berechtigten für Nachteile hieraus verantwortlich. Die Ortspolizeibehörde nimmt die Karte ab und händigt sie dem Berechtigten aus (1425). Strafbestimmung s. § 1490 Ziffer 5.

[1]) **Abschlagszahlungen gelten nicht als Lohnzahlungen. Auf jeden Fall sind die Marken in der letzten Woche jeden Vierteljahres einzukleben** (1434). Arbeitgeber, gegen die eine Anordnung des Versicherungsamts nach § 398 ergangen ist, dürfen, wenn sie die Beiträge in Marken entrichten, Lohnabzüge nur für die Zeit machen, für die sie die geschuldeten Beiträge nachweislich bereits entrichtet haben. Wo das Einzugsverfahren besteht, gilt die Anordnung nach § 398 auch für die Beiträge zur Invaliden- und Hinterbliebenenversicherung. Die Versicherten haben dann ihren Beitragsteil an den Zahltagen selbst einzuzahlen (1435). Strafbestimmung s. § 1490.

[2]) Strafbestimmung s. § 1490 Ziffer 1 u. 4.

[3]) **Die oberste Verwaltungsbehörde kann bestimmen, wie der Beitragsteil Versicherungspflichtiger aus ihrem Entgelt zu erstatten ist, wenn dieser nur aus Sachbezügen besteht oder von Dritten gewährt wird** (1437).

[4]) Die Arbeitgeber dürfen nur auf diesem Wege den Beitragsteil der Versicherten wieder einziehen. Die Abzüge sind auf die Lohnzeiten gleichmäßig zu verteilen (1432). Sind Abzüge bei einer Lohnzahlung unterblieben, so dürfen sie nur noch bei der nächsten nachgeholt werden, es sei denn, daß der Arbeitgeber ohne sein Verschulden wirksame Beiträge nachträglich entrichtet (1442, 1433). Strafbestimmung s. § 1492.

[5]) Der Anspruch besteht nur, wenn die Marke vorschriftsmäßig entwertet ist. Er ist spätestens bei der zweitnächsten Lohnzahlung zu erheben, es sei denn, daß der Versicherte ohne sein Verschulden wirksame Beiträge nachträglich entrichtet hat (1439). Auch wer sich während einer entgeltlichen, aber nicht bar bezahlten oder nur vorübergehenden

unbeschäftigt aufhalten; die Wahl der Lohnklasse steht ihnen frei (1440)[1]. Pflichtbeiträge sind unwirksam, wenn sie nach Ablauf von zwei Jahren, falls aber die Beitragsleistung **ohne Verschulden**[2]) des Versicherten unterblieben ist, **nach Ablauf von vier Jahren** nach der Fälligkeit entrichtet sind (1442)[3]). Freiwillige Beiträge und Beiträge über die gesetzliche Lohnklasse hinaus dürfen für mehr als ein Jahr zurück nicht entrichtet werden, ebensowenig nach Eintritt dauernder oder vorübergehender Invalidität oder für die weitere Invalidität (1443).

Sind die Marken einer richtig ausgestellten und rechtzeitig zum Umtausch eingereichten Quittungskarte ordnungsmäßig verwendet, so wird vermutet, daß während der belegten Beitragswochen ein Versicherungsverhältnis bestanden hat (1445)[4]).

Beschäftigung (1227, 1232) freiwillig versichert, hat Anspruch auf den Beitragsteil des Arbeitgebers (1441). Strafbestimmung s. 1491.

[1]) Sie können die Versicherung im Ausland fortsetzen und dabei Marken **einer beliebigen Versicherungsanstalt** verwenden (1440).

[2]) **Ein Verschulden des Versicherten liegt nicht vor, wenn der Arbeitgeber die Quittungskarte aufbewahrt und sie nicht zur richtigen Zeit ordnungsgemäß umgetauscht hat.** (1442).

[3]) Der Entrichtung der Beiträge steht gleich

1. die von einer zuständigen Stelle an den Arbeitgeber gerichtete Mahnung,
2. die Bereiterklärung des Arbeitgebers oder des Versicherten zur Nachentrichtung gegenüber einer solchen Stelle,

wenn demnächst die Beiträge in einer angemessenen Frist entrichtet werden. Zeiträume, in denen eine Beitragsstreitigkeit (1459—1461) oder ein Verfahren über einen Anspruch auf Invaliden-, Alters-, Witwen- oder Witwerrente schwebt, werden in die Fristen der §§ 1442, 1443 nicht eingerechnet. Diese Tatsachen unterbrechen auch die Verjährung rückständiger Beiträge (29, 1444).

[4]) Dies gilt nicht, wenn die Marken über einen Monat nach Fälligkeit der Beiträge, oder für das Kalenderjahr in größerer Zahl eingeklebt sind, als es Beitragswochen hat. Der Versicherte kann von der Versicherungsanstalt die Feststellung der Gültigkeit der verwendeten Marken verlangen. **Hat die Versicherungsanstalt die Versicherungspflicht oder die Versicherungsberechtigung anerkannt, so kann der Rentenanspruch nicht mit der Begründung abgelehnt werden, daß die Marken zu Unrecht verwendet sind. Nach Ablauf von zehn Jahren seit Aufrechnung der Quittungskarte kann die rechtsgültige Verwendung der in der Aufrechnung bescheinigten Marken nicht mehr angefochten werden, es sei denn, daß**

Beiträge, die in der irrtümlichen Annahme der Versicherungspflicht entrichtet worden sind und nicht zurückgefordert werden, gelten als für die Selbstversicherung oder Weiterversicherung entrichtet, wenn das Recht dazu in der Zeit der Entrichtung bestanden hat (1446)[1].

Die Höhe der Wochenbeiträge setzt der Bundesrat einheitlich im voraus fest (1388)[2]. Bis auf weiteres wird als Wochenbeitrag erhoben:

in Lohnklasse[3] I . . . . . 16 Pfennig[4]),
" " II . . . . . 24 "

---

der Versicherte oder sein Vertreter oder ein zur Fürsorge für ihn Verpflichteter die Verwendung der Marken in betrügerischer Absicht herbeigeführt hat (1445).

[1]) Der Versicherte kann die Beiträge binnen zehn Jahren nach der Entrichtung zurückfordern, wenn ihm nicht schon eine Rente rechtskräftig bewilligt worden ist und nicht die Verwendung der Marken in betrügerischer Absicht geschehen ist. Der Arbeitgeber kann die Beiträge nicht mehr zurückfordern, wenn vom Versicherten ihm der Wert seines Anteils erstattet ist oder seit der Entrichtung zwei Jahre verflossen sind (1446).

[2]) Zunächst für die Zeit bis zum 31. Dezember 1920, dann nach Ausfall des Prüfungsergebnisses — die Prüfung wird von der Rechnungsstelle des Reichsversicherungsamts vorgenommen (1391), — immer für zehn Jahre weiter. Änderungen bedürfen der Zustimmung des Reichstags (1388).

[3]) Es werden folgende Lohnklassen für die Versicherten nach der Höhe des Jahresarbeitsverdienstes gebildet:

Klasse I bis zu 350 Mark,
" II von mehr als 350 bis zu 550 Mark,
" III " " " 550 " " 850 "
" IV " " " 850 " " 1150 "
" V " " " 1150 Mark (1245).

Für die Zugehörigkeit zu den Lohnklassen ist, soweit die folgenden Vorschriften nichts anderes bestimmen, statt des tatsächlichen Jahresarbeitsverdienstes ein Durchschnittsbetrag maßgebend. Im einzelnen gilt als Jahresarbeitsverdienst

1. für Mitglieder einer Krankenkasse oder knappschaftlichen Krankenkasse das Dreihundertfache des Grundlohns (180, 181),
2. für die nach § 1046 Nr. 1 versicherten Seeleute, soweit der Reichskanzler für sie einen Durchschnittsbetrag festgesetzt hat (1067 bis 1071), dieser Betrag,
3. im übrigen der dreihundertfache Betrag des Ortslohns, soweit

in Lohnklasse III . . . . . 32 Pfennig,
„ „ IV . . . . . 40 „
„ „ V . . . . . 48 „ (1392).

---

das Oberversicherungsamt für einzelne Berufszweige nichts anderes bestimmt.

Landwirtschaftliche Betriebsbeamte gehören zur dritten, Lehrer und Erzieher zur vierten Klasse, soweit nicht jene einen Jahresarbeitsverdienst von mehr als 850, diese von mehr als 1150 Mark nachweisen. Wenn im voraus für Wochen, Monate, Vierteljahre oder Jahre eine feste bare Vergütung vereinbart ist, die den Durchschnittsbetrag übersteigt, so ist diese maßgebend. Die Versicherung in einer höheren Lohnklasse ist erlaubt, der Arbeitgeber aber zum höheren Beitrag nur verpflichtet, wenn er sie mit dem Versicherten vereinbart hat. Die Versicherungsanstalt veröffentlicht für die einzelnen Orte ihres Bezirkes und für jede Gruppe der Versicherten die Lohnklassen und Beiträge. (1246, 1247, 1248, 1249).

Als Ortslohn gilt der ortsübliche Tagesentgelt gewöhnlicher Tagarbeiter. Das Oberversicherungsamt setzt den Ortslohn fest und macht ihn öffentlich bekannt. Vorher werden die Vorstände der beteiligten Versicherungsanstalten gehört; das Versicherungsamt hat sich nach Anhörung der Gemeindebehörden und der Vorstände der beteiligten Krankenkassen gutachtlich zu äußern. Der Ortslohn wird für Männer und Frauen, für Versicherte unter sechzehn Jahren, von sechzehn bis einundzwanzig Jahren und über einundzwanzig Jahre besonders festgesetzt. Die Versicherten unter sechzehn Jahren (Jugendliche) können dabei in junge Leute von vierzehn Jahren an und Kinder unter vierzehn Jahren geschieden werden; Lehrlinge zählen zu den jungen Leuten. Im übrigen wird der Ortslohn einheitlich nach dem Durchschnitt für den ganzen Bezirk jedes Versicherungsamts festgesetzt. Ausnahmen sind zulässig, wenn die Lohnhöhe in einzelnen Ortschaften oder zwischen Stadt und Land erheblich abweicht. Die Ortslöhne werden gleichzeitig im ganzen Reiche, und zwar zunächst bis zum 31. Dezember 1914, dann immer auf vier Jahre festgesetzt. Änderungen in der Zwischenzeit gelten nur bis zur nächsten allgemeinen Festsetzung. Alle Änderungen treten erst zwei Monate nach ihrer Veröffentlichung in Kraft. Der Reichskanzler veröffentlicht im „Zentralblatt für das Deutsche Reich" vor Beginn jedes Jahrviertels eine Liste aller geltenden Festsetzungen sowie mindestens alljährlich eine Liste der inzwischen vorgenommenen Änderungen (149, 150, 151, 152).

[4]) Ergibt die Abrechnung zwischen Arbeitgebern und Versicherten Bruchteile von Pfennigen, so wird der Beitragsanteil der Arbeitgeber auf volle Pfennig aufgerundet, der der Versicherten nach unten auf volle Pfennig abgerundet (1458).

Rückständige Beiträge werden wie Gemeindeabgaben beigetrieben (28)[1]. Der Anspruch auf Rückstände[2]) verjährt in zwei Jahren **nach Ablauf des Kalenderjahres** der Fälligkeit (29).

Die oberste Verwaltungsbehörde kann nach Anhören der Versicherungsanstalt anordnen, daß Krankenkassen, Knappschaftsvereine oder Knappschaftskassen, andere Stellen, die sie bezeichnet, oder örtliche Hebestellen der Versicherungsanstalt für deren Rechnung die Beiträge aller oder einzelner Gruppen der Versicherungspflichtigen einziehen. Sie kann dabei die Pflicht zur Meldung der Versicherten regeln[3]). Das Gleiche kann die Versicherungsanstalt selbst mit Genehmigung der obersten Verwaltungsbehörde durch ihre Satzung, ferner eine Gemeinde oder ein Gemeindeverband mit Genehmigung der höheren Verwaltungsbehörde nach Anhören der Anstalt durch Statut bestimmen (1447)[4]). Für die

---

[1]) Nach den landesgesetzlichen Vorschriften regelt sich auch die aufschiebende Wirkung der Einwendungen gegen die Zahlungspflicht. Soweit es nicht bereits landesgesetzlich vorgeschrieben ist, kann die Satzung des Versicherungsträgers bestimmen, **daß dem Beitreibungsverfahren ein Mahnverfahren vorangeht, und daß dafür eine Mahngebühr erhoben wird.** Diese wird wie die Rückstände beigetrieben. Die Festsetzung ihres Betrags bedarf der Genehmigung der Aufsichtsbehörde. Rückstände haben das Vorzugsrecht des § 61 Nr. 1 der Konkursordnung (28).

[2]) Soweit die Rückstände nicht absichtlich hinterzogen sind (29).

[3]) Strafbestimmung s. § 1489.

[4]) Werden örtliche Hebestellen angeordnet, so muß sie die Anstalt auf eigene Kosten und da errichten, wo es die höhere Verwaltungsbehörde bestimmt (1448). Die Versicherungsanstalt hat den Einzugsstellen eine Vergütung zu gewähren; falls die Beteiligten sich nicht einigen, setzt sie die oberste Verwaltungsbehörde fest (1449). Die oberste Verwaltungsbehörde regelt die Befugnisse der Versicherungsanstalt gegenüber den nicht von dieser selbst eingerichteten Einzugsstellen (1451). Die oberste Verwaltungsbehörde kann das Verfahren bei Einziehung, Verwendung und Verrechnung der Beiträge näher regeln. Die Beiträge werden in der Regel zugleich mit denen der Krankenkasse an deren Fälligkeitstag eingezogen. Für Versicherte, von denen die Krankenkasse keine Beiträge einzieht, bestimmt die Einzugsstelle den Tag. Für die eingezogenen Beiträge werden Marken in die Quittungskarte eingeklebt. § 1414 ist entsprechend anzuwenden (1453). Auch wo das Einziehungsverfahren angeordnet ist, kann die oberste Verwaltungsbehörde oder der Vorstand der Versicherungsanstalt einzelnen Arbeitgebern gestatten, die Beiträge durch Verwendung von Marken

freiwillige Versicherung kann die Einziehung der Beiträge nicht vorgeschrieben werden (1452).

Bei Streit über die Beitragsleistung entscheidet, wenn er nicht bei der Rentenfestsetzung hervortritt, das Versicherungsamt und auf Beschwerde endgültig das Oberversicherungsamt (1459)[1]).

---

nach den §§ 1426 bis 1430 selbst zu entrichten. Die Verfügungen sind der Einzugsstelle mitzuteilen. Auch Reichs-, Staats- und Gemeindebehörden können sich von dem Einzugsverfahren ausschließen. Es wird der Versicherungsanstalt und der Einzugsstelle mitgeteilt (1454). Die oberste Verwaltungsbehörde kann anordnen, daß

1. Krankenkassen, Knappschaftsvereine oder Knappschaftskassen oder örtliche Hebestellen der Versicherungsanstalten die Quittungskarten ausstellen und umtauschen,
2. unständig Beschäftigte (441) ihre Beitragshälfte unmittelbar entrichten, die andere der Gemeindeverband oder die Gemeinde auslegt und der Arbeitgeber erstattet; auch kann die entsprechende Anwendung der §§ 453 ff. angeordnet werden.

Die Versicherungsanstalt hat dafür den bezeichneten Stellen besondere Vergütung zu gewähren, deren Höhe die oberste Verwaltungsbehörde festsetzt (1455). Solange jemand im Bezirk einer Einzugsstelle versichert ist, kann er bei ihr seine Quittungskarte hinterlegen. Die oberste Verwaltungsbehörde kann im Einvernehmen mit der Versicherungsanstalt die Hinterlegung vorschreiben. Das Versicherungsamt kann dann den Versicherten durch Geldstrafe bis zu zehn Mark dazu anhalten (1457).

[1]) **Diese Behörden sind an die amtlich veröffentlichten grundsätzlichen Entscheidungen des Reichsversicherungsamts gebunden.** Handelt es sich um eine noch nicht feststehende Auslegung gesetzlicher Vorschriften von grundsätzlicher Bedeutung, so gibt das Oberversicherungsamt die Sache unter Begründung seiner eigenen Ansicht an das Reichsversicherungsamt ab, wenn es der Beschwerdeführer innerhalb der Beschwerdefrist beantragt hat. Auch andere Beteiligte können diesen Antrag binnen einer Woche stellen, nachdem sie die Gelegenheit sich zu äußern erhalten haben. Das Reichsversicherungsamt entscheidet in diesen Fällen statt des Oberversicherungsamts (1459). Ist es streitig, an welche von mehreren Versicherungsanstalten Beiträge für bestimmte Personen zu entrichten sind, so entscheidet auf Antrag das Reichsversicherungsamt oder das Landesversicherungsamt (1382, 1460). Allen anderen Streit zwischen Arbeitgebern und Arbeitnehmern über Berechnung und Anrechnung, Erstattung und Ersatz der Beiträge (1426 Abs. 2, 1432, bis 1435, 1437, 1439, 1441) entscheidet das Versicherungsamt endgültig (1461). Ist der Streit endgültig entschieden, so sorgt das Versicherungsamt dafür, daß zu wenig erhobene Beiträge nachträglich durch Marken

Die Versicherungsanstalten überwachen die rechtzeitige und vollständige Entrichtung der Beiträge (1465)[1]. Die Versicherungsanstalten können mit Genehmigung des Reichsversicherungsamts bezw. des Landesversicherungsamts Überwachungsvorschriften erlassen (1467)[2]. **Alle Versicherungspflichtigen und alle Ver-**

---

gedeckt werden. Zuviel erhobene, die noch zurückgefordert werden können (1446), zieht es von der Versicherungsanstalt auf Antrag wieder ein und zahlt sie den Beteiligten zurück. Die Marken werden vernichtet und die Aufrechnungen berichtigt. Vernichtete Marken, die von einer unzuständigen Versicherungsanstalt stammten, müssen durch die der zuständigen ersetzt werden. Ihr Betrag wird der Ausgabeanstalt abgefordert und an die Beteiligten ausgezahlt (1462). Statt die Marken zu vernichten, kann das Versicherungsamt die Quittungskarte einziehen und das Gültige auf eine neuausgestellte übertragen lassen (1463). Wenn die Pflicht oder das Recht zur Versicherung endgültig verneint ist, so erhalten die Beteiligten die noch nicht verfallenen Beiträge auf Antrag zurück. § 1446 wird hierdurch nicht berührt (1464).

[1] **Das Versicherungsamt kann die Versicherungsanstalten mit ihrer Zustimmung und unter Vereinbarung über die Kosten dabei unterstützen** (1465). Die Arbeitgeber haben dem Versicherungsamt und dem Anstaltsvorstande selbst sowie den Beauftragten beider Auskunft zu geben über die Zahl der Beschäftigten, ihren Arbeitsverdienst und die Dauer ihrer Beschäftigung. Sie haben die Geschäftsbücher oder Listen, aus denen diese Tatsachen hervorgehen, während der Betriebszeit an Ort und Stelle vorzulegen. Auch die Versicherten haben über Ort und Dauer ihrer Beschäftigung sowie ihren Arbeitsverdienst Auskunft zu geben. Beide Gruppen sind verpflichtet, den bezeichneten Behörden und Beauftragten auf Erfordern die Quittungskarten und Bescheinigungen (1419 Abs. 3) zur Prüfung und Berichtigung gegen Empfangschein auszuhändigen. Das Versicherungsamt kann die Arbeitgeber und die Versicherten durch Geldstrafen bis zu je einhundertundfünfzig Mark zur Erfüllung ihrer Pflichten anhalten (1466).

[2] Diese Behörden können den Erlaß solcher Vorschriften anordnen und, wenn dies ohne Erfolg bleibt, sie selbst erlassen. Der Anstaltsvorstand kann Arbeitgeber und Versicherte zur pünktlichen Befolgung solcher Vorschriften durch Geldstrafen bis zu je einhundertundfünfzig Mark anhalten. Entstehen durch die Überwachung bare Auslagen, so können sie dem Arbeitgeber auferlegt werden, wenn er sie durch Pflichtversäumnis verursacht hat. Auf Beschwerde entscheidet das Oberversicherungsamt endgültig. Die Kosten werden wie Gemeindeabgaben beigetrieben (1468). Die Quittungskarten werden nach Einwilligung der Beteiligten oder nach Schluß des Streitverfahrens von den überwachenden Behörden oder Beauftragten oder den Einzugsstellen berichtigt (1469). Strafbestimmung s. § 1487.

sicherungsberechtigten können zu jeder Zeit und in beliebiger Zahl Zusatzmarken einer beliebigen Versicherungsanstalt in die Quittungskarte einkleben. Sie erwerben dadurch Anspruch auf Zusatzrente für den Fall, daß sie invalide werden. Der Wert der Zusatzmarke beträgt eine Mark. Die durch Zusatzmarken erworbene Anwartschaft erlischt nicht (1472). Zusatzmarken gibt jede Versicherungsanstalt aus (1482)[1].

Kapitel III. Gegenstand der Versicherung.[2][3]

Allgemeines.

Gegenstand der Versicherung sind:

1. Invalidenrenten,
2. Altersrenten,

---

[1]) Das Reichsversicherungsamt bestimmt ihre Unterscheidungsmerkmale. Es kann ihre Gültigkeitsdauer beschränken. Der Bundesrat bestimmt näheres über die Entwertung (1482).

[2]) Leistungen, die nach der Reichsversicherungsordnung oder ergänzenden Landesgesetzen gewährt werden, und die durch den Übergang des Anspruchs darauf ersetzten Unterstützungen sind keine öffentlichen Armenunterstützungen (118). Die Ansprüche des Berechtigten können mit rechtlicher Wirkung übertragen, verpfändet und gepfändet werden nur wegen

1. eines Vorschusses, den der Berechtigte auf seine Ansprüche vor Anweisung der Leistungen vom Arbeitgeber oder von einem Organe des Versicherungsträgers oder einem seiner Mitglieder erhalten hat,
2. der im § 850 Abs. 4 der Zivilprozeßordnung bezeichneten Forderungen,
3. der Forderungen der nach § 1531 ersatzberechtigten Gemeinden und Armenverbände sowie Arbeitgeber und Kassen, die an ihre Stelle getreten sind; die Übertragung, Verpfändung und Pfändung ist nur in Höhe der gesetzlichen Ersatzansprüche zulässig,
4. **rückständiger Beiträge, die nicht seit länger als drei Monaten fällig sind.**

Ausnahmsweise darf der Berechtigte auch in anderen Fällen den Anspruch mit Genehmigung des Versicherungsamts ganz oder zum Teil auf andere übertragen (119).

[3]) Über das Zusammentreffen mit Leistungen der Unfallversicherung siehe S. 71 ff.

3. **Renten, Witwengeld und Waisenaussteuer für Hinterbliebene** (1250).

Auch kann die Versicherungsanstalt

4. ein Heilverfahren einleiten, um die infolge Erkrankung drohende Invalidität eines Versicherten **oder einer Witwe** abzuwenden (1269).

Die bisherige Leistung der Erstattung von Beiträgen bei Verheiratungen usw. ist weggefallen[1]).

A. Invalidenrente.

Invalidenrente erhält wer:

1. die Invalidität nachweist, sowie
2. die Wartezeit erfüllt und
3. die Anwartschaft aufrecht erhalten hat (1251).

Zu 1 Invalidität. Invalidenrente erhält ohne Rücksicht auf das Lebensalter der Versicherte, der infolge von Krankheit oder anderen Gebrechen dauernd invalide ist. Als invalide gilt, wer nicht mehr imstande ist, durch eine Tätigkeit, die seinen Kräften und Fähigkeiten entspricht und ihm unter billiger Berücksichtigung seiner Ausbildung und seines bisherigen Berufs zugemutet werden kann, ein Drittel dessen zu erwerben, was körperlich und geistig gesunde Personen derselben Art mit ähnlicher Ausbildung in derselben Gegend durch Arbeit zu verdienen pflegen. Invalidenrente erhält auch der Versicherte, der nicht

---

[1]) Der § 43 InvVersG. behält Geltung für diejenigen, welche vor dem 1. Januar 1912 durch Unfall dauernd erwerbsunfähig geworden sind. Der § 44 des InvVersG. behält Geltung für die Erstattung der Beiträge von Personen, die vor dem 1. Januar 1912 gestorben sind. (s. Art. 75 des EG.).

Gemäß § 42 InvVersG. werden Beiträge nach dem 1. Januar 1912 nur dann erstattet, wenn der Antrag vor der Verkündung der RVO. (1. August 1911) gestellt worden ist (EG. Art. 76). Für die Fälle, in denen nach dem 1. Januar 1912 noch Beiträge zu erstatten sind, gilt § 128 Abs. 6 InvVersG. (EG. Art. 77). Das Verfahren bei Erstattung von Beiträgen richtet sich nach den bisher geltenden Vorschriften, jedoch tritt von dem Tage des Inkrafttretens des Sechsten Buches der RVO. an das Versicherungsamt an die Stelle der unteren Verwaltungsbehörde oder Rentenstelle oder der von der obersten Verwaltungsbehörde bestimmten Behörde (128 Abs. 1 InvVersG.) (EG. Art. 95).

dauernd invalide ist, aber während sechsundzwanzig Wochen ununterbrochen invalide gewesen ist **oder der nach Wegfall des Krankengeldes invalide ist,** für die weitere Dauer der Invalidität (Krankenrente) (1255)[1].

Zu 2 Wartezeit. Die Wartezeit[2]) dauert bei der Invalidenrente, wenn für den Versicherten auf Grund der Versicherungspflicht mindestens hundert Beiträge geleistet worden sind, zweihundert, andernfalls fünfhundert Beitragswochen (1278)[3]).

Zu 3 Anwartschaft. Die Anwartschaft erlischt, wenn während zweier Jahre nach dem auf der Quittungskarte verzeichneten Ausstellungstag weniger als zwanzig Wochenbeiträge[4])

---

[1]) Wer sich vorsätzlich invalide macht, verliert den Anspruch auf die Rente. Hat sich der Versicherte oder die Witwe die Invalidität beim Begehen einer Handlung, die nach strafrichterlichem Urteil ein Verbrechen oder ein vorsätzliches Vergehen ist, zugezogen, so kann die Rente ganz oder teilweise versagt werden. Die Verletzung bergpolizeilicher Verordnungen oder des § 93 Abs. 2, 3 und der §§ 95 bis 97 der Seemannsordnung gilt nicht als Vergehen im Sinne des vorstehenden Satzes. Die Invaliden- oder Witwenrente kann den im Inland wohnenden Angehörigen ganz oder teilweise zugewiesen werden, wenn der Versicherte oder die Witwe sie bisher ganz oder überwiegend aus ihrem Arbeitsverdienst unterhalten haben. Deutsche Schutzgebiete gelten im Sinne dieser Vorschrift als Inland. Die Rente kann auch versagt werden, wenn wegen des Todes, der Abwesenheit oder eines anderen in der Person des Antragstellers liegenden Grundes kein strafgerichtliches Urteil ergeht (1254).

[2]) Über die Wartezeit für Versicherte, welche innerhalb der ersten fünf Jahre invalide werden, nachdem die Versicherungspflicht für ihren Berufszweig in Kraft getreten ist, siehe Art. 64, 66 des EG.

[3]) Die Beiträge für die freiwillige Versicherung werden auf die Wartezeit für die Invalidenrente nur dann angerechnet, wenn mindestens hundert Beiträge auf Grund der Versicherungspflicht oder der Selbstversicherung geleistet worden sind. Dieses gilt nicht für die Beiträge, die der Versicherte in den ersten vier Jahren freiwillig geleistet hat, nachdem sein Berufszweig versicherungspflichtig geworden ist (1279).

[4]) Als Wochenbeiträge zählen auch

1. Militärdienst- und Krankheitszeiten (1393, 1394),
2. Zeiten ohne versicherungspflichtige Beschäftigung, während deren der Anwärter oder der Verstorbene Invaliden- oder Altersrente aus einer Kasse oder einer Sonderanstalt der in den §§ 1321, 1360, 1375 bezeichneten Art oder eine Unfallrente von mindestens einem Fünftel der Vollrente bezog (1281).

auf Grund der Versicherungspflicht[1]) oder der Weiterversicherung entrichtet worden sind[2]). Die Anwartschaft lebt wieder auf[3]), wenn der Versicherte wieder eine versicherungspflichtige Beschäftigung aufnimmt oder durch freiwillige Beitragsleistung das Versicherungsverhältnis erneuert und danach eine Wartezeit von zweihundert Beitragswochen zurücklegt (1283)[4]).

Die Invalidenrente besteht aus einem festen Zuschuß des Reichs in Höhe von jährlich fünfzig Mark (1285) und dem Anteil der Versicherungsanstalt[5]), welcher aus einem Grundbetrage und den Steigerungssätzen besteht (1287). Der Grundbetrag wird nach fünfhundert Beitragswochen berechnet[6]). Für jede Beitragswoche werden angesetzt:

---

[1]) Bei der Selbstversicherung und ihrer Fortsetzung müssen zur Aufrechterhaltung der Anwartschaft während der im § 1280 bezeichneten Frist mindestens vierzig Beiträge entrichtet werden. **Dieses gilt nicht, wenn auf Grund der Versicherungspflicht mehr als sechzig Beiträge geleistet worden sind** (1282).

[2]) Während der Zeit eines früheren Rentenbezuges erlischt die Anwartschaft nicht (1309).

[3]) Hat ein Versicherter, dessen Anwartschaft erloschen ist, vor dem 1. Januar 1912 oder innerhalb eines Jahres nach diesem Tage wieder eine versicherungspflichtige Beschäftigung aufgenommen oder durch freiwillige Beitragsleistung das Versicherungsverhältnis erneuert, so gelten für das Wiederaufleben der Anwartschaft die Vorschriften des § 46 Abs. 4 des InvVersG. weiter, solange nicht die Anwartschaft abermals erlischt (EG. Art. 74).

[4]) Hat der Versicherte bei der Wiederaufnahme der versicherungspflichtigen Beschäftigung oder bei der Erneuerung des Versicherungsverhältnisses durch freiwillige Beitragsleistung **das sechzigste Jahr vollendet, so lebt die Anwartschaft nur auf, wenn er vor dem Erlöschen der Anwartschaft mindestens tausend Beitragsmarken verwendet hatte. Hat der Versicherte das vierzigste Lebensjahr vollendet, so lebt die Anwartschaft durch freiwillige Beitragsleistung nur auf, wenn er vor dem Erlöschen der Anwartschaft mindestens fünfhundert Beitragsmarken verwendet hatte und danach eine Wartezeit von fünfhundert Beitragswochen zurücklegt** (1283).

[5]) Der Anteil der Versicherungsanstalten richtet sich nach den gezahlten Beiträgen und den **Militärdienst-** und Krankheitszeiten, die als Beitragswochen gelten (1286).

[6]) Sind weniger nachgewiesen, so gilt für die fehlenden die Lohnklasse I; sind es mehr, so scheiden die überzähligen Beiträge der niedrigsten Lohnklassen aus (1288). Für jede Beitragswoche zählt nur

in der Lohnklasse I	. . . . .	12 Pfennig,	
" " " II	. . . . .	14 "	
" " " III	. . . .	16 "	
" " " IV	. . . .	18 "	
" " " V	. . . .	20 "	(1288).

Der Steigerungssatz der Invalidenrente beträgt für jede Beitragswoche:

in der Lohnklasse I	. . . . .	3 Pfennig,	
" " " II	. . . . .	6 "	
" " " III	. . . .	8 "	
" " " IV	. . . .	10 "	
" " " V	. . . .	12 "	(1289).

Hat der Empfänger der Invalidenrente Kinder unter fünfzehn Jahren, so erhöht sich die Invalidenrente für jedes dieser Kinder um ein Zehntel bis zu dem höchstens anderthalbfachen Betrage (1291). **Hat der Versicherte Zusatzmarken verwendet** (vgl. S. 41), **so erhält er als jährliche Zusatzrente für jede Zusatzmarke sovielmal zwei Pfennig**[1]), **als beim Eintritt der Invalidität Jahre seit Verwendung der Zusatzmarke vergangen sind** (1473)[2]). Die Invalidenrente beginnt[3]) mit dem Tage[4]),

---

ein Beitrag. Sind mehr Beitragswochen belegt und die überzähligen Marken nicht festzustellen, so scheiden die Beiträge der niedrigsten Lohnklassen aus, bis die zulässige Höchstzahl übrig bleibt (1290).

[1]) Um die Verbindlichkeiten zu ermitteln, die aus der Zusatzversicherung erwachsen, stellen die Versicherungsanstalten aus den einlaufenden Quittungskarten besondere Übersichten her, die über Zahl und Art der verwendeten Zusatzmarken unterrichten und der Rechnungsstelle als Unterlage dienen. Die Rechnungsstelle des Reichsversicherungsamts prüft alle zehn Jahre (1388), wie hoch der Satz der Rente (1473 Abs. 1) sein kann. Danach setzt ihn der Bundesrat für je zehn Jahre fest (1479, 1480).

[2]) Gezählt wird von dem Kalenderjahr, in dem die Quittungskarte aufgerechnet worden ist, bis zu dem, wo die Invalidität eintritt. Der Wert der Zusatzmarken, die danach ausfallen, wird dem Versicherten oder seinen Hinterbliebenen (1302) erstattet (1473). Die Zusatzrente wird gezahlt, solange die Invalidität (1255) dauert. Der Bescheid, der die Rente entzieht, wird mit Ablauf des **auf die Zustellung folgenden Monats** wirksam. § 1254 gilt auch für die Zusatzrenten. Die Zusatzrente wird stets voll ausgezahlt, und zwar entweder mit der Invaliden-

an dem die Invalidität eingetreten ist[1]). Länger als auf ein Jahr rückwärts, vom Eingange des Antrags gerechnet, wird keine Rente gezahlt (1253)[2]). Gemeinden oder Gemeindeverbände können mit Genehmigung der höheren Verwaltungsbehörde statutarisch bestimmen, daß Renten bis zu zwei Dritteln nicht bar gezahlt, sondern in Sachen gewährt werden (1275)[3]). Trunk-

---

rente zusammen oder für sich, monatlich im voraus, jedesmal auf volle fünf Pfennig aufgerundet. Beträgt die Zusatzrente nicht mehr als sechzig Mark jährlich, so wird auf Antrag eine einmalige Abfindung in Höhe des Kapitalwerts gezahlt. Geben die Empfänger ihren Wohnsitz im Inland auf, so können sie mit dem Kapitalwert der Zusatzrente abgefunden werden. Die Berechnung der Kapitalwerte regelt der Bundesrat. Für die Zahlung der Zusatzrenten und der einmaligen Abfindungen gelten die §§ 1383 bis 1386 (1474—1477).

[3]) unbeschadet der §§ 1253 und 1255 Abs. 3 (1256).

[4]) Als dieser gilt, wenn sich der Beginn der Invalidität nicht feststellen läßt, der Tag, an dem der Antrag auf Rente beim Versicherungsamt eingegangen ist (1256).

[1]) Ist beim Tode des Empfängers die fällige Rente noch nicht abgehoben, so sind **nacheinander bezugsberechtigt der Ehegatte, die Kinder, der Vater, die Mutter, die Geschwister, wenn sie mit dem Empfänger zur Zeit seines Todes in häuslicher Gemeinschaft gelebt haben** (1302). Für den Sterbemonat und den Monat, der das Ruhen der Rente bringt, wird, vorbehaltlich der §§ 1295, 1318 die Rente voll gezahlt. Kommt für einen Monatsteil zur Rente des Versicherten noch die der Hinterbliebenen, so haben sie den höheren Betrag zu beanspruchen (1301).

[2]) **sofern nicht der Berechtigte durch Verhältnisse, die außerhalb seines Willens liegen, verhindert worden ist, den Antrag rechtzeitig zu stellen.** Der Antrag ist in diesem Falle binnen drei Monaten zu stellen, nachdem das Hindernis weggefallen ist (1253).

[3]) Dies gilt nur für die Rentenempfänger, die im Bezirke wohnen, wenn sie oder ihre Ernährer dort als landwirtschaftliche Arbeiter nach Ortsgebrauch ganz oder teilweise in Sachen gelohnt worden und mit der Sachleistung statt Renten einverstanden sind. Den Wert der Sachen setzt die höhere Verwaltungsbehörde nach Durchschnittspreisen fest. Die Sachbezüge gewährt die Gemeinde des Wohnorts. Der Anspruch auf Rente geht im Werte der Sachbezüge auf die Gemeinde über. Das Versicherungsamt (Beschlußausschuß) entscheidet bei Streit zwischen der Gemeinde und dem Berechtigten. Auf Beschwerde entscheidet das Oberversicherungsamt endgültig. Ist der Anspruch auf Rente endgültig auf die Gemeinde übergegangen, so benachrichtigt die Versicherungsanstalt die Post (1275, 1276).

süchtigen, die nicht entmündigt sind, können ganz oder teilweise Sachleistungen gewährt werden (120)[1].

Die Satzung der Versicherungsanstalt kann den Vorstand ermächtigen, den Rentenempfänger auf Antrag in einem Invalidenhaus[2]) oder einer ähnlichen Anstalt unterzubringen und dazu die Rente ganz oder teilweise zu verwenden (1277)[3]).

Die Invalidenrente wird von der Versicherungsanstalt dem Rentenempfänger entzogen, wenn er infolge einer wesentlichen Änderung in seinen Verhältnissen nicht mehr invalide ist (1304)[4]).

---

[1]) Auf Antrag eines beteiligten Armenverbandes oder der Gemeindebehörde des Wohnorts des Trunksüchtigen muß dies geschehen. Bei Trunksüchtigen, die entmündigt sind, ist die Gewährung von Sachleistungen nur mit Zustimmung des Vormundes zulässig. Auf seinen Antrag muß sie geschehen. Die Sachleistungen gewährt die Gemeinde des Wohnorts. Der Anspruch auf Barleistungen geht im Werte der Sachbezüge auf die Gemeinde über. **Die Sachleistung kann auch durch Aufnahme in eine Trinkerheilanstalt oder mit Zustimmung der Gemeinde durch Vermittelung einer Trinkerfürsorgestelle gewährt werden.** Ein Rest der Barleistungen ist dem Ehegatten des Bezugsberechtigten, seinen Kindern oder seinen Eltern und, falls solche nicht vorhanden sind, der Gemeinde zur Verwendung für ihn zu überweisen. Das Versicherungsamt (Beschlußausschuß) erläßt die Anordnung nach Anhören der Gemeindebehörde und des Bezugsberechtigten und teilt sie ihnen und dem Versicherungsträger schriftlich mit. Es entscheidet bei Streit zwischen der Gemeinde und dem Bezugsberechtigten. Auf Beschwerde entscheidet das Oberversicherungsamt endgültig. Ist der Anspruch auf Barleistungen endgültig auf die Gemeinde übergegangen, so benachrichtigt der Versicherungsträger die Post, wenn es sich um Barleistungen aus der Unfall- oder aus der Invaliden- und Hinterbliebenenversicherung handelt (120, 121).

[2]) Invalidenhäuser und ähnliche Anstalten gelten als Kranken-, Bewahr- und Heilanstalten im Sinne des § 11 Abs. 2 und des § 23 Abs. 2 des Gesetzes über den Unterstützungswohnsitz (RGBl. 1908 S. 381) (1277).

[3]) Die Aufnahme verpflichtet den Rentenempfänger auf ein Vierteljahr und, wenn er nicht einen Monat vor Ablauf dieser Zeit widerspricht, jedesmal auf ein weiteres Vierteljahr zum Verzicht auf die Rente (1277).

[4]) Die Rente kann auch bei Ablehnung des Heilverfahrens entzogen werden — siehe unter „Heilverfahren" (1306). Ein Bescheid, der die Rente entzieht, wird mit Ablauf des **auf die Zustellung folgenden Monats** wirksam (1308).

Die Rente ruht[1]):

1. neben einer reichsgesetzlichen Unfallrente, soweit beide zusammen den siebeneinhalbfachen Grundbetrag der Invalidenrente übersteigen würden (1311),
2. solange der Berechtigte eine Freiheitsstrafe von mehr als einem Monat verbüßt (1312)[2]),
3. solange der Berechtigte sich freiwillig gewöhnlich im Auslande[3]) aufhält (1313)[4]),
4. **solange der berechtigte Ausländer wegen der Verurteilung in einem Strafverfahren aus dem Reichsgebiet ausgewiesen ist** (1313)[5]).

Treffen die Voraussetzungen für mehrere Renten auf Grund der Invaliden- und Hinterbliebenenversicherung zusammen, so ruht die niedrigere Rente von dem Tage des Zusammentreffens an (1318).

---

[1]) Soweit eine festgestellte Invaliden- oder Altersrente nach altem, aber nicht nach neuem Rechte ruht, gelten für sie die Vorschriften der RVO. über Ruhen der Rente vom Tage des Inkrafttretens dieser Vorschriften an; in solchen Fällen ist neuer Bescheid zu erteilen (EG. Art. 80, 61).

[2]) oder in einem Arbeitshaus oder einer Besserungsanstalt untergebracht ist. Hat er im Inlande Angehörige, die er ganz oder überwiegend aus seinem Arbeitsverdienst unterhalten hat, so wird ihnen die Invaliden- oder Altersrente überwiesen (1312).

[3]) Der Bundesrat kann das Ruhen der Rente für ausländische Grenzgebiete oder für solche auswärtigen Staaten ausschließen, deren Gesetzgebung Deutschen und ihren Hinterbliebenen eine entsprechende Fürsorge gewährleistet (1314). Deutsche Schutzgebiete gelten als Inland (1315).

[4]) Ist der Berechtigte ein Ausländer, so ist er mit dem dreifachen Betrage der Jahresrente abzufinden. **Die gleiche Abfindung kann mit ihrer Zustimmung denjenigen Ausländern gewährt werden,** die

1. abgesehen von den Fällen des § 1313 Nr. 2, auf Grund der Anordnung einer deutschen Behörde das Reichsgebiet verlassen haben,
2. zum Bezuge der Rente auf Grund eines vom Bundesrat nach § 1314 erlassenen Beschlusses berechtigt sind (1317).

[5]) Das Gleiche gilt für einen berechtigten Ausländer, der aus Anlaß der Verurteilung in einem Strafverfahren aus dem Gebiet eines Bundesstaats ausgewiesen ist, solange er sich nicht in einem anderen Bundesstaat aufhält (1313).

Über Abfindungen siehe Anm. 4 S. 48.

Die Rentenansprüche dürfen nur aufgerechnet werden auf
Ersatzforderungen für bezogene Unfallrenten und Entschädigungen, soweit der Versicherungsanstalt ein Anspruch darauf nach § 1522 Abs. 3, § 1542 zusteht,
geschuldete Beiträge,
gezahlte Vorschüsse,
zu Unrecht gezahlte Rentenbeträge,
die zu erstattenden Kosten des Verfahrens,
die von den Versicherungsanstalten verhängten Geldstrafen (1324).

B. Altersrente[1]).

Altersrente erhält, wer:
1. das gesetzliche Alter nachweist, sowie
2. die Wartezeit erfüllt, und
3. die Anwartschaft aufrecht erhalten hat (1251).

Zu 1: Altersrente erhält der Versicherte vom vollendeten siebzigsten Lebensjahr an, auch wenn er noch nicht invalide ist (1257).

Zu 2: Die Wartezeit[2]) dauert 1200 Beitragswochen.

Zu 3: gelten dieselben Bestimmungen wie bei der Invalidenrente (siehe S. 43).

Die Altersrente besteht aus einem festen Zuschuß des Reichs in Höhe von jährlich fünfzig Mark (1285) und dem Anteil der Versicherungsanstalt[3]), welcher beträgt:

in der Lohnklasse I . . . . . 60 Mark,
" " " II . . . . . 90 "

[1]) Der Bundesrat hat im Jahre 1915 dem Reichstag die gesetzlichen Vorschriften über die Altersrente zur erneuten Beschlußfassung vorzulegen (EG. Art. 84).

[2]) Über die Wartezeit für Versicherte, die beim Inkrafttreten der Versicherungspflicht für ihren Berufszweig das 40. Lebensjahr vollendet haben, siehe Art. 65, 66 EG.

[3]) Der Anteil der Versicherungsanstalten richtet sich nach den gezahlten Beiträgen und den Militärdienst- und Krankheitszeiten, die als Beitragswochen gelten (1286).

in der Lohnklasse III . . . . 120 Mark,
" " " IV . . . . 150 "
" " " V . . . . 180 " (1293)[1].

Über Rückwärtszahlungen der Rente, Gewährung von Sachleistungen statt Rente, Unterbringung in ein Invalidenhaus siehe bei „Invalidenrente" S. 46/47. Über Zahlungsleistung beim Tode des Rentenempfängers und Zahlung für den Sterbemonat siehe bei „Invalidenrente" S. 46 Anm. 1. Über Ruhen der Rente, Abfindungen und Aufrechnungen siehe unter „Invalidenrente" S. 48/49.

C. Hinterbliebenenfürsorge[2].

Die **Hinterbliebenenfürsorge** besteht in der

Witwenrente (1258),
Waisenrente (1259, 1260, 1261, 1262),
Witwerrente (1260),
Witwengeld (1264),
Waisenaussteuer (1264).

Die gesetzlichen Leistungen werden auch dann gewährt, wenn der Versicherte verschollen ist (1265)[3]. Hinterbliebene haben keinen Anspruch auf die Fürsorge, wenn sie den Tod des Versicherten vorsätzlich herbeigeführt haben (1267).

---

[1]) Für Beiträge verschiedener Lohnklassen wird der entsprechende Durchschnitt gewährt. Sind über eintausendzweihundert Beitragswochen nachgewiesen, so scheiden die überzähligen Beiträge der niedrigsten Lohnklasse aus (1293). Über die Berechnung bei Gewährung von Altersrente für die Übergangszeit s. Art. 67 EG.

[2]) Über die Hinterbliebenenfürsorge für die Übergangszeit s. Art. 68 ff. EG.

[3]) Er gilt als verschollen, wenn während eines Jahres keine glaubhaften Nachrichten von ihm eingegangen sind und die Umstände seinen Tod wahrscheinlich machen. Das Versicherungsamt kann von den Hinterbliebenen die eidesstattliche Erklärung verlangen, daß sie von dem Leben des Vermißten keine anderen als die angezeigten Nachrichten erhalten haben. Den Todestag Verschollener stellt die Versicherungsanstalt nach billigem Ermessen fest. Für die auf See Verschollenen gilt § 1100 Abs. 1 (1265, 1266).

Der Anspruch der Hinterbliebenen eines Ausländers, die sich zur Zeit seines Todes nicht gewöhnlich im Inland aufhielten, beschränkt sich auf die Hälfte der Bezüge ohne Reichszuschuß (1268)[1].

Die Renten der Hinterbliebenen dürfen zusammen nicht mehr betragen als das Anderthalbfache der Invalidenrente, die der Verstorbene zur Zeit seines Todes bezog oder bei Invalidität bezogen hätte. Waisenrenten allein dürfen zusammen nicht mehr betragen als diese Invalidenrente. Ergeben die Renten einen höheren Betrag, so werden sie im Verhältnis ihrer Höhe gekürzt. Enkel haben nur soweit einen Anspruch, als nicht der zulässige Höchstbetrag den Kindern zufließt. Beim Ausscheiden eines Hinterbliebenen erhöhen sich die Renten der übrigen bis zum zulässigen Höchstbetrage (1294, 1295).

a) Witwenrente.

Witwenrente erhält die dauernd[2]) invalide[3]) Witwe nach dem Tode ihres versicherten Ehemannes (1258). Witwenrente wird nur gewährt, wenn der Verstorbene zur Zeit seines Todes

1. die Wartezeit für die Invalidenrente erfüllt und
2. die Anwartschaft aufrecht erhalten hat (1252).

---

[1]) Der Bundesrat kann diese Beschränkung für ausländische Grenzgebiete oder für Angehörige solcher auswärtiger Staaten ausschließen, deren Gesetzgebung eine entsprechende Fürsorge gewährleistet. Deutsche Schutzgebiete gelten im Sinne des Abs. 1 als Inland (1268).

[2]) Auch die nicht dauernd invalide Witwe, die während sechsundzwanzig Wochen ununterbrochen invalide gewesen ist oder die nach Wegfall des Krankengeldes invalide ist, erhält für die weitere Dauer der Invalidität Witwenrente (Witwenkrankenrente) (1258). Erhebt eine Witwe, ehe sie invalide ist, Anspruch auf Grund der Hinterbliebenenversicherung, so wird auf ihren Antrag die Höhe ihrer Witwenrente festgestellt und die Witwe über ihr Recht belehrt, nach Eintritt der Invalidität ihren Anspruch auf Zahlung anzumelden (Anwartschaftsbescheid) (1743).

[3]) Als invalide gilt die Witwe, die nicht imstande ist, durch eine Tätigkeit, die ihren Kräften und Fähigkeiten entspricht und ihr unter billiger Berücksichtigung ihrer Ausbildung und bisherigen Lebensstellung zugemutet werden kann, ein Drittel dessen zu erwerben, was körperlich und geistig gesunde Frauen derselben Art mit ähnlicher Ausbildung in derselben Gegend durch Arbeit zu verdienen pflegen

Über „Wartezeit" und „Anwartschaft" siehe unter „Invalidenrente" S. 43/44.

Die Witwenrente besteht aus einem Reichszuschuß von jährlich fünfzig Mark (1285) und einem Anteil der Versicherungsanstalt. Der Anteil der Versicherungsanstalt beträgt drei Zehntel des Grundbetrages[1]) und der Steigerungssätze[1]) der Invalidenrente, die der Ernährer zur Zeit seines Todes bezog oder bei Invalidität bezogen hätte (1292).

Die Rente beginnt mit dem Todestage des Ernährers (1263)[2]).

Die Witwenrente fällt bei Wiederverheiratung weg (1298). Über Entziehung der Rente siehe unter „Invalidenrente" S. 47 u. Anm. 4.

Die Rente ruht neben einer reichsgesetzlichen Unfallrente, soweit beide zusammen den dreieinhalbfachen Grundbetrag der Invalidenrente übersteigen würden, die der Ernährer zur Zeit seines Todes bezog oder bei Invalidität bezogen hätte (1311). Im übrigen siehe über „Ruhen der Rente", „Abfindung" und „Aufrechnung" unter „Invalidenrente" S. 48/49. Über „Sterbemonat" und Bezugsberechtigung beim Tode des Empfängers siehe unter „Invalidenrente" S. 46 Anm. 1. Über Rückwärtszahlung der Rente, Sachleistungen statt Renten, Unterbringung in ein Invalidenhaus vergleiche S. 46/47.

(1258). Wer sich vorsätzlich invalide macht, verliert den Anspruch auf Rente. Hat sich die Witwe die Invalidität beim Begehen einer Handlung, die nach strafgerichtlichem Urteil ein Verbrechen oder vorsätzliches Vergehen ist, zugezogen, so kann die Rente ganz oder teilweise versagt werden. Die Verletzung bergpolizeilicher Verordnungen oder des § 93 Abs. 2, 3 und der §§ 95 bis 97 der Seemannsordnung gilt nicht als Vergehen im Sinne des vorstehenden Satzes. Die Invaliden- oder Witwenrente kann den im Inland wohnenden Angehörigen ganz oder teilweise zugewiesen werden, wenn der Versicherte oder die Witwe sie bisher ganz oder überwiegend aus ihrem Arbeitsverdienst unterhalten haben. Deutsche Schutzgebiete gelten im Sinne dieser Vorschrift als Inland. Die Rente kann auch versagt werden, wenn wegen des Todes, der Abwesenheit oder eines anderen in der Person des Antragstellers liegenden Grundes kein strafgerichtliches Urteil ergeht (1254).

[1]) Über Grundbetrag und Steigerungssätze vgl. unter „Invalidenrente" S. 44/45.

[2]) War die Witwe an diesem Tage noch nicht invalide, so bestimmt sich der Beginn der Rente nach § 1256 oder § 1258 Abs. 3 (1263).

b) Waisenrente.

Waisenrente erhalten

nach dem Tode des versicherten Vaters seine ehelichen Kinder unter 15 Jahren,

nach dem Tode einer Versicherten ihre vaterlosen[1]) Kinder unter 15 Jahren (1259),

nach dem Tode der versicherten Ehefrau eines erwerbsunfähigen Mannes, die den Lebensunterhalt ihrer Familie ganz oder überwiegend aus ihrem Arbeitsverdienste bestritten hat, die ehelichen[2]) Kinder unter 15 Jahren, solange sie bedürftig sind (1260),

nach dem Tode der versicherten Ehefrau, deren Ehemann sich ohne gesetzlichen Grund von der häuslichen Gemeinschaft ferngehalten und seiner väterlichen Unterhaltspflicht entzogen hat, die ehelichen Kinder unter 15 Jahren, solange sie bedürftig sind (1261)[3]),

elternlose Enkel[4]) unter 15 Jahren, deren Unterhalt der verstorbene Versicherte ganz oder überwiegend bestritten hat, solange sie bedürftig sind.

Waisenrente wird nur gewährt, wenn der Verstorbene zur Zeit seines Todes

1. die Wartezeit für die Invalidenrente erfüllt und
2. die Anwartschaft aufrecht erhalten hat (1252).

Über „Wartezeit" und „Anwartschaft" siehe unter „Invalidenrente" S. 43/44.

Die Waisenrente besteht aus dem festen Reichszuschuß von jährlich fünfundzwanzig Mark (1285) und dem Anteil der Versicherungsanstalt; dieser Anteil beträgt für eine Waise drei Zwan-

---

[1]) Als vaterlos gelten auch uneheliche Kinder (1259).

[2]) Auch wenn zur Zeit des Todes der Versicherten die Ehe nicht mehr bestand (1260).

[3]) Auch wenn zur Zeit des Todes der Versicherten die Ehe nicht mehr bestand und der Ehemann sich seiner väterlichen Unterhaltspflicht entzogen hat (1261).

[4]) Enkel haben nur soweit einen Anspruch, als nicht der zulässige Höchstbetrag den Kindern zufließt, siehe S. 51 (1294).

zigstel, für jede weitere Waise ein Vierzigstel des Grundbetrags[1]) und der Steigerungssätze[1]) der Invalidenrente, die der Ernährer zur Zeit seines Todes bezog oder bei Invalidität bezogen hätte (1292).

Die Rente beginnt mit dem Todestage des Ernährers (1263).

Die Rente fällt weg, sobald die Waise das fünfzehnte Lebensjahr vollendet (1299).

Die Versicherungsanstalt entzieht die nach §§ 1260—1262 gewährten Renten, sobald die Bedürftigkeit des Empfängers wegfällt (1307)[2]).

Die Rente ruht neben einer reichsgesetzlichen Unfallrente, soweit beide zusammen den dreifachen Grundbetrag der Invalidenrente übersteigen würden, die der Ernährer zur Zeit seines Todes bezog oder bei Invalidität bezogen hätte (1311)[3]).

Über „Abfindung" und „Aufrechnung" siehe unter „Invalidenrente" S. 49. Die Abfindung erfolgt mit dem $1^1/_2$fachen Betrag der Jahresrente (1316).

Über Sachleistungen statt Rente siehe unter „Invalidenrente" S. 46/47. Bei Waisenrenten bedarf es hier der Zustimmung des Vormundes und dieser bedarf der Genehmigung des Vormundschaftsgerichts (1275). Über Aufnahme in ein Waisenhaus oder eine ähnliche Anstalt siehe unter „Invalidenrente" S. 47. Über Rückwärtszahlung der Rente, Sterbemonat und Bezugsberechtigung beim Tode des Empfängers siehe unter „Invalidenrente" S. 46.

c) Witwerrente.

Nach dem Tode der versicherten Ehefrau eines erwerbsunfähigen Ehemannes, die den Lebensunterhalt ihrer Familie ganz oder überwiegend aus ihrem Arbeitsverdienst bestritten hat, steht dem Manne Witwerrente zu, solange er bedürftig ist (1260).

---

[1]) Über Grundbetrag und Steigerungssätze vgl. unter „Invalidenrente" S. 44/45.

[2]) Ein Bescheid, der die Rente entzieht, wird mit Ablauf des auf die Zustellung folgenden Monats wirksam (1308).

[3]) Im übrigen siehe über Ruhen der Rente unter „Invalidenrente" S. 48.

Die Rente wird nur gewährt, wenn

a) die Verstorbene zur Zeit ihres Todes die Wartezeit für die Invalidenrente erfüllt und

b) die Anwartschaft aufrecht erhalten hat (1252).

Über „Wartezeit" und „Anwartschaft" vergleiche unter „Invalidenrente" S. 43/44.

Die Witwerrente besteht aus dem Reichszuschuß von jährlich fünfzig Mark (1285) und dem Anteil der Versicherungsanstalt, welcher drei Zehntel des Grundbetrages und der Steigerungssätze der Invalidenrente beträgt, die die Ernährerin zur Zeit ihres Todes bezog oder bei Invalidität bezogen hätte (1292). Die Rente beginnt mit dem Todestage der Ernährerin (1263).

Die Rente fällt bei der Wiederverheiratung weg (1298). Die Versicherungsanstalt entzieht die Rente bei Wegfall der Bedürftigkeit des Empfängers (1307)[1]. Die Rente ruht neben einer reichsgesetzlichen Unfallrente, soweit beide zusammen den dreieinhalbfachen Grundbetrag der Invalidenrente übersteigen würden, die die Ernährerin zur Zeit ihres Todes bezog oder bei Invalidität bezogen hätte (1311)[2]. Über „Abfindung" und „Aufrechnung" siehe unter „Invalidenrente" S. 49.

Über „Sachleistungen" statt Rente, Aufnahme in ein Invalidenhaus, Rückwärtszahlung der Rente, „Sterbemonat" und „Bezugsberechtigung" beim Tode der Ernährerin siehe unter „Invalidenrente" S. 46/47.

d) Witwengeld und Waisenaussteuer.

Witwengeld und Waisenaussteuer wird nur gewährt, wenn der Verstorbene **und** außerdem die Witwe zur Zeit der Fälligkeit der Bezüge

a) die Wartezeit für die Invalidenrente erfüllt und

b) die Anwartschaft aufrechterhalten hat (1252). Über „Wartezeit" und „Anwartschaft" vergleiche unter „Invalidenrente" S. 43/44.

---

[1] Ein Bescheid, der die Rente entzieht, wird mit Ablauf des auf die Zustellung folgenden Monats wirksam (1308).

[2] Im übrigen vergleiche über „Ruhen" der Rente unter „Invalidenrente" S. 48.

Als Witwengeld wird der zwölffache Monatsbetrag der Witwenrente, als Waisenaussteuer der achtfache Monatsbetrag der bezogenen Waisenrente gewährt (1296).

Das Witwengeld wird beim Tode des Ehemanns fällig, die Waisenaussteuer bei Vollendung des fünfzehnten Lebensjahres[1]) der Kinder (1264).

Witwengeld und Waisenaussteuer dürfen nicht übertragen, gepfändet, verpfändet oder aufgerechnet werden (1325)[2]).

D. Heilverfahren.[3])

Um die infolge einer Erkrankung drohende Invalidität eines Versicherten **oder einer Witwe** abzuwenden, kann die Versicherungsanstalt ein Heilverfahren einleiten (1269)[4]) [5]).

---

[1]) Stirbt der zum Bezug einer Waisenaussteuer Berechtigte vor ihrer Auszahlung, so bestimmt das Versicherungsamt nach billigem Ermessen, an wen sie zu zahlen ist (1303).

[2]) Ausnahmsweise darf der Berechtigte den Anspruch mit Genehmigung des Versicherungsamts ganz oder zum Teil auf andere übertragen (119).

[3]) **Die ärztliche Behandlung im Sinne der Reichsversicherungsordnung wird durch approbierte Ärzte, bei Zahnkrankheiten auch durch approbierte Zahnärzte (§ 29 der Gewerbeordnung) geleistet. Sie umfaßt Hilfeleistungen anderer Personen, wie Bader, Hebammen, Heildiener, Heilgehilfen, Krankenwärter, Masseure und dergleichen sowie Zahntechniker, nur dann, wenn der Arzt (Zahnarzt) sie anordnet oder wenn in dringenden Fällen kein approbierter Arzt (Zahnarzt) zugezogen werden kann. Die oberste Verwaltungsbehörde kann bestimmen, wieweit auch sonst Hilfspersonen innerhalb der staatlich anerkannten Befugnisse selbständige Hilfe leisten können. Bei Zahnkrankheiten mit Ausschluß von Mund- und Kieferkrankheiten kann die Behandlung außer durch Zahnärzte mit Zustimmung des Versicherten auch durch Zahntechniker gewährt werden. Die oberste Verwaltungsbehörde bestimmt, wieweit auch sonst Zahntechniker bei solchen Zahnkrankheiten selbständige Hilfe leisten können. Sie kann bestimmen, wieweit dies auch Heildiener und Heilgehilfen tun können. Sie bestimmt ferner, wer als Zahntechniker im Sinne dieses Gesetzes anzusehen ist** (122, 123).

[4]) Über die Beziehungen der Versicherungsanstalt bei Einleitung des Heilverfahrens zur Kranken- und Unfallversicherung siehe S. 71ff.

[5]) Entzieht sich ein Erkrankter ohne gesetzlichen oder sonst triftigen Grund dem Heilverfahren (1269), und wäre die Invalidität durch das

Die Versicherungsanstalt kann insbesondere den Erkrankten[1]) in einem Krankenhaus oder in einer Anstalt für Genesende unterbringen (1270)[2]). Ist zu erwarten, daß ein Heilverfahren den Empfänger einer Invaliden-, **Witwen- oder Witwerrente** wieder erwerbsfähig macht, so kann es die Versicherungsanstalt einleiten (1305)[3]).

Die Versicherungsanstalt kann mit Genehmigung der Aufsichtsbehörde Mittel aufwenden, um allgemeine Maßnahmen zur Verhütung des Eintritts vorzeitiger Invalidität unter den Versicherten oder zur Hebung der gesundheitlichen Verhältnisse der versicherungspflichtigen Bevölkerung zu fördern oder durchzuführen. Die Genehmigung kann auch für Pauschbeträge erteilt werden (1274).

Heilverfahren voraussichtlich verhütet worden, so kann die Rente auf Zeit ganz oder teilweise versagt werden, wenn der Erkrankte auf diese Folge hingewiesen worden ist (1272).

[1]) Ist er verheiratet und lebt er mit seiner Familie zusammen oder hat er einen eigenen Haushalt oder ist er Mitglied des Haushalts seiner Familie, so bedarf es seiner Zustimmung. **Bei einem Minderjährigen genügt seine Zustimmung** (1270).

[2]) Angehörige des Erkrankten, deren Unterhalt er ganz oder überwiegend aus seinem Arbeitsverdienste bestritten hat, erhalten während des Heilverfahrens (1270) ein Hausgeld auch dann, wenn er an keine Krankenkasse, keine knappschaftliche Krankenkasse oder Ersatzkasse Ansprüche hat. Es beträgt ein Viertel des Ortslohns für erwachsene Tagearbeiter. Unterlag jedoch der Erkrankte bis zum Eingreifen der Versicherungsanstalt der Krankenversicherung, so richtet sich das Hausgeld auch für die Zeit, für welche die Verpflichtung der Krankenkasse nicht mehr besteht, nach den Vorschriften über Krankenversicherung. **Eine Invaliden- oder Witwenrente kann für die Dauer des Heilverfahrens ganz oder teilweise versagt werden. Das Hausgeld fällt weg, solange und soweit Lohn oder Gehalt auf Grund eines Rechtsanspruchs gezahlt wird** (1271).

[3]) Den Angehörigen der Empfänger von Witwen- oder Witwerrenten wird kein Hausgeld gezahlt (1305). Entzieht sich ein Rentenempfänger ohne gesetzlichen oder sonst triftigen Grund dem Heilverfahren und verhindert er dadurch die Beseitigung der Invalidität, **oder entzieht er sich ohne Grund einer Nachuntersuchung oder Beobachtung in einem Krankenhause**, so kann ihm die Rente auf Zeit ganz oder teilweise entzogen werden, wenn er auf diese Folgen hingewiesen worden ist (1306).

Kapitel IV. Auszahlung und Feststellung der Leistungen.

A. Auszahlung der Leistungen.

Die Versicherungsanstalt zahlt auf Anweisung des Vorstandes durch die Post (1383)[1]. Das Reichsversicherungsamt kann bestimmen, wie an Empfänger zu zahlen ist, die sich gewöhnlich im Ausland aufhalten (1368). Die obersten Postbehörden können von jeder Versicherungsanstalt einen Vorschuß einziehen (1385)[2].

B. Verfahren[3]) bei Feststellung der Leistungen.[4])

Allgemeines.

Die sämtlichen Leistungen der Invaliden- und Hinterbliebenenversicherung werden auf Antrag festgestellt. Die Feststellung ist

---

[1]) und zwar in der Regel durch die Postanstalt, in deren Bezirk der Empfänger zur Zeit des Antrags wohnte. Die Zahlstelle wird ihm vom Anstaltsvorstande mitgeteilt. Verzieht der Empfänger, so kann er bei der Versicherungsanstalt oder bei der Postanstalt des alten Wohnorts beantragen, daß die Zahlung an die Postanstalt des neuen Wohnorts überwiesen wird (1383). **Jede Person, die berechtigt ist, ein öffentliches Siegel zu führen, ist befugt, die bei den Zahlungen erforderlichen Bescheinigungen zu erteilen und zu beglaubigen** (1384).

[2]) Es wird nach Wahl der Versicherungsanstalt vierteljährlich oder monatlich an die von der Post bezeichneten Kassen abgeführt und darf den Betrag nicht übersteigen, den die Versicherungsanstalt im laufenden Geschäftsjahr voraussichtlich zu zahlen hat (1385).

[3]) Hat ein Beteiligter durch Mutwillen, Verschleppung oder Irreführung Kosten des Verfahrens veranlaßt, so können die Versicherungsbehörden sie ihm ganz oder teilweise auferlegen (1802). Über Gebühren der Rechtsanwälte im Verfahren vor den Versicherungsbehörden vgl. §§ 1804, 1805.

[4]) Ansprüche auf Invaliden- oder Altersrenten, über die am 1. Januar 1912 das Feststellungsverfahren noch schwebt, unterliegen, vorbehaltlich des Artikel 71 Abs. 3 und der Artikel 85, 94 bis 99, den Vorschriften der RVO., wenn diese für die Berechtigten günstiger ist. Soweit hiernach die RVO. anzuwenden ist, gilt ihre Nichtanwendung auch dann als Revisionsgrund, wenn das Schiedsgericht sie noch nicht anwenden konnte (EG. Art. 79). Ist ein Verfahren an dem Tage, an dem die Vorschriften des Sechsten Buches der RVO. in Kraft treten, bereits anhängig, so wird es nach den bisher geltenden Vorschriften erledigt, soweit die Artikel 86 bis 99 nichts anderes vorschreiben (EG. Art. 85).

zu beschleunigen (1545). Gelangen Fälle, in denen freiwillige Leistungen (Heilverfahren) der Versicherungsanstalt angezeigt scheinen, zur Kenntnis des Versicherungsamts, so benachrichtigt es die Versicherungsanstalt (1550)[1]).

a) Vorbereitung durch das Versicherungsamt.

Anträge auf Leistungen sind an das Versicherungsamt zu richten (1613)[2]). Zuständig ist das Versicherungsamt, in dessen Bezirk der Versicherte zur Zeit des Antrages wohnt oder beschäftigt ist (1637)[3]). **Die oberste Verwaltungsbehörde kann anordnen,**

Hat die untere Verwaltungsbehörde oder Rentenstelle an diesem Tage einen Antrag auf Bewilligung, Entziehung oder Einstellung der Leistungen noch nicht begutachtet, so wird die Sache an das Versicherungsamt abgegeben; das weitere Verfahren richtet sich nach der RVO. Das Gleiche gilt in den Fällen des § 112 Abs. 3 des Invalidenversicherungsgesetzes, wenn die mündliche Verhandlung nachzuholen ist (EG. Art. 94).

[1]) Insbesondere benachrichtigt das Versicherungsamt die Versicherungsanstalt, wenn es erfährt, daß:

ein Versicherter oder eine Witwe durch ein Heilverfahren vor der Invalidität bewahrt werden kann,

der Empfänger einer Invaliden-, Witwen-, Witwer- oder Zusatzrente durch ein Heilverfahren wieder erwerbsfähig werden kann,

die Invaliden-, Witwen-, Witwer- oder Zusatzrente zu entziehen ist,

eine Rente zu ruhen hat (1629).

[2]) Die Beweisstücke sollen beiliegen (1613). **Stirbt ein Versicherter oder ein zum Bezug einer Witwen- oder Witwerrente oder eines Witwengeldes Berechtigter, nachdem er seinen Anspruch erhoben hatte, so sind zur Fortsetzung des Verfahrens und zum Bezuge der bis zum Todestage fälligen Beträge nacheinander berechtigt der Ehegatte, die Kinder, der Vater, die Mutter, die Geschwister, wenn sie mit dem Berechtigten zur Zeit seines Todes in häuslicher Gemeinschaft gelebt haben** (1303).

[3]) Hat der Versicherte keinen Wohn- oder Beschäftigungsort im Inland, oder ist er gestorben oder verschollen, so ist sein letzter inländischer Wohn- oder Beschäftigungsort maßgebend. Ist ein solcher nicht vorhanden, so ist der Sitz des Betriebs maßgebend, in dem der Versicherte beschäftigt ist oder zuletzt beschäftigt war (1638). Sind mehrere Versicherungsämter zuständig, so gebührt dem der Vorzug, das zuerst angegangen wird (1639). Hält das Versicherungsamt ein anderes für zuständig, so gibt es die Sache an dieses weiter. Hält sich auch dieses nicht für zuständig, so entscheidet der Vorsitzende des beiden Ämtern übergeordneten Oberversicherungsamts oder, wenn ein solches

daß die Ansprüche auch bei einer anderen Behörde angemeldet werden dürfen; diese gibt die Anträge unverzüglich an das zuständige Versicherungsamt weiter (1616).

Der Vorsitzende des Versicherungsamts ermittelt nach freiem Ermessen[1]), was zur Klarstellung des Sachverhalts erforderlich ist (1617)[2]). Nach Abschluß der Erhebungen durch den Vorsitzenden wird die Sache von dem Versicherungsamt unter Zuziehung von je einem Vertreter der Arbeitgeber und der Versicherten[3]) in mündlicher Verhandlung[4]) erörtert (1618)[5]). Die mündliche Verhandlung ist nicht öffentlich (1622)[6]).

---

nicht vorhanden ist, das Reichsversicherungsamt (Landesversicherungsamt). Die Entscheidung ist endgültig und bindet die Instanzen (1640). Wird die Zahlung einer der Höhe nach festgestellten Witwenrente beansprucht, so ist das Versicherungsamt des Ortes zuständig, an dem die Witwe zur Zeit des Antrags auf Zahlung wohnt oder beschäftigt ist; dabei gelten die §§ 1639, 1640 entsprechend. Wird die Voraussetzung für den Bezug einer Waisenaussteuer erst nach dem Tode des Versicherten erfüllt, so richtet sich die Zuständigkeit nach dem Wohnort der Waisen (1615).

[1]) Die oberste Verwaltungsbehörde kann das Verfahren bei Vorbereitung und Begutachtung der Sache durch das Versicherungsamt näher bestimmen, soweit es nicht durch Kaiserliche Verordnung (35 Abs. 2) geregelt ist (1627).

[2]) Er kann nach eigenem Ermessen Augenschein einnehmen, Zeugen und Sachverständige, auch eidlich, vernehmen, Gutachten von Ärzten und amtliche Auskünfte jeder Art einholen, auch andere Versicherungsträger beiladen (1652). Namentlich kann der Vorsitzende vor der mündlichen Verhandlung die Untersuchung des Antragstellers und die Begutachtung dessen Gesundheitszustandes durch einen Arzt anordnen (1619). Die Erhebungen sollen sich auf alle Fragen erstrecken, die für die Entschließung des Versicherungsträgers von Bedeutung sind, insbesondere auf

die Versicherungspflicht oder die Versicherungsberechtigung,
die Invalidität und den Tag ihres Eintritts,
das Alter der Waisen,
die Bedürftigkeit, wenn es sich um die Witwerrente oder in den Fällen der §§ 1260 bis 1262 um die Waisenrenten handelt (1617).

[3]) Der Vorsitzende des Versicherungsamts bestimmt die Reihenfolge, in der die Versicherungsvertreter zu den Verhandlungen zuzuziehen sind. Das Oberversicherungsamt kann hierüber allgemeine Bestimmungen treffen (1603). Für Ausschluß und Ablehnung des Vorsitzenden des Versicherungsamts und der Versicherungsvertreter gelten die §§ 1641 bis 1649 entsprechend (1621).

[4]) Eine mündliche Verhandlung findet nicht statt, wenn es sich

Das Versicherungsamt erstattet ein Gutachten in der Sache; das Gutachten hat sich über alles auszusprechen, was nach Ansicht des Versicherungsamts für die Entschließung des Versicherungsträgers von Bedeutung ist (1623)[1]). Findet eine mündliche Verhandlung nicht statt (siehe S. 60 Anm. 4), so erstattet der Vorsitzende des Versicherungsamts das Gutachten (1624).

Der Vorsitzende des Versicherungsamts übersendet die Verhandlungen und das Gutachten der Versicherungsanstalt (1625).

b) Feststellung der Leistungen durch die Versicherungsanstalt.

Die Feststellung der Leistungen aus der Invaliden- und Hinterbliebenenversicherung erfolgt durch den Vorstand der Versicherungsanstalt. Zuständig ist die Versicherungsanstalt für den Bezirk des Versicherungsamts, bei dem der Anspruch anzumelden ist (1630). Wird der angemeldete Anspruch anerkannt[2]) oder

---

handelt um Altersrente,
Waisenrente,
Witwengeld und Waisenaussteuer,
Kapitalabfindung (1316, 1317, 1476),
Fälle, in denen der Versicherungsträger und der Berechtigte einig sind.

Die Kaiserliche Verordnung (35 Abs. 2) kann weitere Fälle bestimmen, in denen eine mündliche Verhandlung nicht stattfindet (1624). Eine mündliche Verhandlung findet ferner nicht statt, wenn es sich um das Ruhen der Rente handelt (1626).

[5]) Der Vorsitzende kann das persönliche Erscheinen des Antragstellers in der mündlichen Verhandlung anordnen (1619).

[6]) Im übrigen gelten für die mündliche Verhandlung die §§ 1662 bis 1665, 1667, 1669, 1672 entsprechend, jedoch ist § 1654 nicht anzuwenden (1622).

[1]) Kann wegen Verbrechens oder vorsätzlichen Vergehens (1254) oder wegen Widersetzlichkeit (1272, 1306) der Anspruch ganz oder teilweise versagt oder entzogen werden, so hat sich das Gutachten auch darüber auszusprechen, wie weit von dieser Befugnis Gebrauch zu machen ist. Beruht das Gutachten nicht auf der Übereinstimmung des Vorsitzenden des Versicherungsamts und der Versicherungsvertreter, so sind die abweichenden Meinungen mit Angabe der Gründe zu vermerken (1623).

[2]) Wird eine Rente gewährt, so ist in dem Bescheid ihre Höhe, der Beginn und die Art ihrer Berechnung anzugeben (1631).

abgelehnt[1]), so ist ein schriftlicher Bescheid[2]) zu erteilen (1631)[3]). Will die Versicherungsanstalt dem für die Gewährung einer Rente abgegebenen Gutachten des Vorsitzenden des Versicherungsamts nicht entsprechen, so ist die Sache zur Erörterung und Begutachtung (1623) an das Versicherungsamt zurückzugeben, wenn es sich um die Versicherungspflicht, die Versicherungsberechtigung oder die Invalidität handelt (1632).

Wenn eine Invaliden-, Hinterbliebenen- oder Zusatzrente entzogen oder eine Rente eingestellt werden soll, so gelten die Bestimmungen über die Vorbereitung des Verfahrens vor dem Versicherungsamt entsprechend (1626), ebenso die Bestimmungen über die Feststellung der Leistungen durch den Versicherungsträger (1633).

Ist ein Antrag auf Invalidenrente oder auf Zahlung der Witwenrente endgültig abgelehnt worden, weil dauernde Invalidität nicht nachweisbar war **oder ist eine Invalidenrente oder Witwenrente rechtskräftig entzogen**, weil Invalidität nicht mehr vorlag, so kann der Antrag erst ein Jahr, nachdem die Entscheidung zugestellt worden ist, vorher aber nur dann wiederholt

---

[1]) **Wird der Anspruch abgelehnt, so ist dem Berechtigten von dem Gutachten des Versicherungsamts auf Antrag kostenlos Abschrift zu erteilen. Ferner sind ihm auf Antrag Abschriften der Niederschriften über die Vernehmung von Zeugen und Sachverständigen sowie der ärztlichen Gutachten zu erteilen; die Kosten hat der Antragsteller vorher zu zahlen. Sämtliche Abschriften sind nur zu erteilen, soweit dies mit Rücksicht auf den Berechtigten zulässig erscheint. Auf Beschwerde entscheidet das Oberversicherungsamt endgültig** (1631).

[2]) Der Bescheid ist zu begründen und zu unterschreiben. Die Unterschrift des Vorsitzenden genügt (1631). Das Reichsversicherungsamt kann über die Beurkundung der Feststellungsbeschlüsse sowie über die Unterzeichnung und Ausfertigung der Bescheide Näheres bestimmen (1611). Der Bescheid muß den Vermerk enthalten, daß er rechtskräftig wird, wenn der Berechtigte nicht binnen einem Monat nach Zustellung des Bescheids Berufung bei dem Oberversicherungsamt einlegt. Für Seeleute, die sich außerhalb Europas aufhalten, gilt § 128 Abs. 2 (1631).

[3]) Der Versicherungsträger kann auf Antrag des Versicherungsamts einem Beteiligten in dem Bescheide solche Kosten zur Last legen, die dieser durch Mutwillen, Verschleppung oder Irreführung veranlaßt hat. Diese Kosten fließen in die Kasse des Versicherungsträgers (1634).

werden, wenn glaubhaft bescheinigt wird, daß inzwischen Umstände eingetreten sind, die den Nachweis der Invalidität liefern. Wird die Bescheinigung nicht beigebracht, so weist das Versicherungsamt den vorzeitig wiederholten Antrag zurück. Der Bescheid ist nicht anfechtbar (1635).

c) Berufung an das Oberversicherungsamt.

Gegen Bescheide der Versicherungsanstalten ist das Rechtsmittel der Berufung an das Oberversicherungsamt (Spruchkammer) zulässig (1675)[1]. Zuständig ist das Oberversicherungsamt für den Bezirk desjenigen Versicherungsamts, welches bei der Vorbereitung der Sache mitgewirkt hat (siehe S. 59[2]), (1678). Für das Verfahren über die Berufung gelten die Vorschriften über das Spruchverfahren vor dem Versicherungsamt, soweit nicht die nachfolgenden Bestimmungen etwas anderes vorschreiben (1679)[3]. **Wenn der Versicherte oder seine Hinterbliebenen beantragen, daß ein bestimmter Arzt gutachtlich gehört werde, kann das Oberversicherungsamt, falls es diesem Antrag stattgeben will, diese Anhörung von der Bedingung abhängig machen, daß der Antragsteller die Kosten vorschießt und, falls das Oberversicherungsamt nicht anders entscheidet, sie endgültig trägt** (1681). Die Berufung bewirkt Aufschub, wenn es sich um Kapitalabfindungen handelt (1682). Die Beisitzer werden zu den Verhandlungen der Spruchkammer nach einer im voraus aufgestellten Reihenfolge zugezogen (1684)[4]. **Das Oberversiche-**

---

[1]) Zur Erledigung anhängiger Sachen, auf welche die alten Vorschriften anzuwenden sind, treten an die Stelle der Schiedsgerichte die Oberversicherungsämter nach ihrer Errichtung (EG. Art. 97).

[2]) Ist die Vorbereitung und Begutachtung der Sache Organen von Knappschaftsvereinen, Knappschaftskassen oder von Sonderanstalten für Betriebe des Reichs oder der Bundesstaaten übertragen, so ist das Oberversicherungsamt zuständig, in dessen Bezirk sich der Sitz dieser Organe befindet (1678).

[3]) Die Vorschrift des § 1661 über die Entscheidung durch den Vorsitzenden allein gilt nicht für das Berufungsverfahren (1691).

[4]) Das Nähere bestimmt die oberste Verwaltungsbehörde. Beisitzer, die in die Beschlußkammer gewählt sind, sind entsprechend seltener zu den Verhandlungen der Spruchkammer zuzuziehen. Will der Vorsitzende von der Reihenfolge aus besonderen Gründen abweichen, so hat er sie in den Akten zu vermerken (1684).

rungsamt (Beschlußkammer) wählt je für vier Jahre am Schlusse des letzten, in der Regel nach Anhören der zuständigen Ärztevertretung, aus seinem Bezirke die Ärzte aus, die es als Sachverständige nach Bedarf zuzieht (1686)[1] [2]). Hebt die Spruchkammer den angefochtenen Bescheid auf, weil das Verfahren an einem wesentlichen Mangel leidet, so kann sie die Sache an den Versicherungsträger zurückverweisen. Dabei kann sie die Gewährung einer vorläufigen Leistung anordnen (1690)[3]. Steht es fest, daß das Urteil mit der Revision (siehe S. 65) nicht angegriffen werden kann (1695, 1696, 1700), so vermerkt der Vorsitzende der Spruchkammer unter Hinweis auf die gesetzlichen Vorschriften am Schluß des Urteils, daß hiergegen kein Rechtsmittel mehr zulässig ist. Wird eine Vorentscheidung erlassen (1679 in Verbindung mit 1657), so geht der Vermerk dahin, daß nur Antrag auf mündliche Verhandlung vor der Spruchkammer zulässig ist; die Frist hierfür ist zu bezeichnen (1692).

Will das Oberversicherungsamt in einem Falle, in dem die Revision oder der Rekurs ausgeschlossen ist (1695, 1696, 1700), **von einer amtlich veröffentlichten grundsätzlichen Entscheidung des Reichsversicherungsamts abweichen oder handelt es sich in einem solchen Falle um eine noch nicht festgestellte Auslegung gesetzlicher Vorschriften von grundsätzlicher Bedeutung, so hat es die Sache unter Begründung seiner Rechtsauffassung an das**

---

[1]) **Es dürfen keine Ärzte als Sachverständige zugezogen werden, die in einem Vertragsverhältnis zu den Versicherungsanstalten stehen oder von ihnen regelmäßig als Gutachter in Anspruch genommen werden; mindestens zur Hälfte müssen sie am Sitze des Oberversicherungsamts wohnen. Die Namen der Gewählten sind öffentlich bekannt zu machen. Den Sachverständigen ist vor Abgabe ihres Gutachtens Einsicht in die Akten zu gewähren. Die oberste Verwaltungsbehörde regelt die Durchführung dieser Vorschrift** (1686).

[2]) Die oberste Verwaltungsbehörde bestimmt, zu welcher Zeit das Oberversicherungsamt zum ersten Male aus seinem Bezirke die Ärzte auswählt, die es als Sachverständige nach Bedarf zuziehen will. Bis zu diesem Zeitpunkt werden die bisher gewählten Ärzte als Sachverständige auch zu denjenigen Sachen hinzugezogen, welche nach den Vorschriften der RVO. zu beurteilen sind (EG. Art. 98).

[3]) Ein Bescheid, der eine Kapitalabfindung feststellt, kann im Spruchverfahren nur bestätigt oder aufgehoben werden (1689).

Reichsversicherungsamt abzugeben. Will das Oberversicherungsamt in einem solchen Falle von einer amtlich veröffentlichten Entscheidung des ihm übergeordneten Landesversicherungsamts abweichen, so ist die Sache an dieses abzugeben. Will das Oberversicherungsamt in derselben Sache von einer amtlich veröffentlichten grundsätzlichen Entscheidung des Reichsversicherungsamts und eines Landesversicherungsamts abweichen, so ist das Reichsversicherungsamt zur Entscheidung zuständig. Das Reichsversicherungsamt (Landesversicherungsamt) entscheidet in diesen Fällen an Stelle des Oberversicherungsamts. Von der Abgabe der Sache sind die Beteiligten zu benachrichtigen (1693).

d) Revision an das Reichsversicherungsamt.

Gegen die Urteile der Spruchkammern ist Revision zulässig (1694). **Die Revision ist ausgeschlossen, wenn es sich handelt um**

1. **Höhe, Beginn und Ende der Rente,**
2. **Kapitalabfindung,**
3. **Witwengeld,**
4. **Waisenaussteuer,**
5. **Kosten des Verfahrens** (1696).

Die Revision kann nur darauf gestützt werden, daß

1. das angefochtene Urteil auf der Nichtanwendung oder auf der unrichtigen Anwendung des bestehenden Rechts[1]) oder auf einem Verstoße wider den klaren Inhalt der Akten beruhe,
2. das Verfahren an wesentlichen Mängeln leide (1697).

Für das Verfahren gelten die Vorschriften über das Spruchverfahren vor dem Versicherungsamt entsprechend, soweit nicht die folgenden Bestimmungen etwas anderes vorschreiben (1698)[2]). Über die Revision[3]) entscheidet das Reichsversicherungsamt[4]).

---

[1]) Über Nichtanwendung der RVO. während der Übergangszeit als Revisionsgrund siehe S. 58 Anm. 3.

[2]) Die Vorschriften der §§ 1656 bis 1659, 1661 gelten nicht (1698).

[3]) Bezieht sich ein im übrigen zulässiges Rechtsmittel einer Partei auch auf Ansprüche, für die das Rechtsmittel ausgeschlossen ist, so darf über diese nur dann entschieden werden, wenn den zulässigen Anträgen ganz oder zum Teil entsprochen wird (1707).

[4]) An Stelle des Reichsversicherungsamts entscheidet das Landes-

Die Entscheidungen werden durch die Spruchsenate getroffen (1708). Die Revision ist schriftlich einzulegen, sie soll die Gründe für die Einlegung angeben (1709)[1]. Die Revision bewirkt außer dem Falle des § 1682 (siehe S. 63) Aufschub, wenn sie von der Versicherungsanstalt eingelegt wird, soweit es sich um Beträge handelt, die für die Zeit vor Erlaß des angefochtenen Urteils nachgezahlt werden sollen (1710). Ist das angefochtene Urteil mit Unrecht als endgültig bezeichnet (siehe S. 64), so ist das Rechtsmittel zulässig; es ist binnen einem Jahre nach der Zustellung einzulegen (1711). Ist der Vorsitzende des Senats mit dem Berichterstatter darüber einig, daß das Rechtsmittel unzulässig oder verspätet eingelegt ist, so kann er es ohne mündliche Verhandlung verwerfen (1713)[2]. Wird das angefochtene Urteil aufgehoben, so kann der Senat entweder selbst in der Sache entscheiden oder sie an eine der Vorinstanzen oder den Versicherungsträger zurückverweisen. Dabei kann er die Gewährung einer vorläufigen Leistung anordnen. Die Stelle, an welche die Sache überwiesen wird, ist an die rechtliche Beurteilung gebunden, die der Aufhebung des angefochtenen Urteils zu Grunde liegt (1715).

Wird ein Mitglied des Spruchsenats aus einem Grunde, der seine Ausschließung rechtfertigt, oder wegen Besorgnis der Befangenheit abgelehnt, so entscheidet über das Ablehnungsgesuch

---

versicherungsamt, wenn der Bezirk des beteiligten Versicherungsträgers sich nicht über das Gebiet des Bundesstaats hinaus erstreckt. Soweit jedoch ein Versicherungsträger mitbeteiligt ist, für den das Reichsversicherungsamt oder ein anderes Landesversicherungsamt zuständig ist, entscheidet das Reichsversicherungsamt (1708).

Zur Erledigung anhängiger Sachen, auf welche die alten Vorschriften anzuwenden sind, treten an die Stelle der alten Senate die neugebildeten Senate des Reichsversicherungsamts (Landesversicherungsamts) (EG. Art. 97).

[1] Der Senat kann das angefochtene Urteil auch aus anderen Gründen ändern, als im Rechtsmittel angegeben sind (1709).

[2] Ist die Revision als verspätet verworfen, so kann der Antragsteller binnen einer Woche nach Zustellung der Verfügung die Entscheidung des Spruchsenats anrufen; die Verfügung muß darauf hinweisen. Sonst wird nach mündlicher Verhandlung in öffentlicher Sitzung entschieden (1713).

der Spruchsenat (1712)[1]. Über die Zulassung zur geschäftsmäßigen Rechtsvertretung vor den Senaten entscheidet das Reichsversicherungsamt (Landesversicherungsamt)[2]. Das Reichsversicherungsamt und die Landesversicherungsämter veröffentlichen ihre Entscheidungen, die grundsätzliche Bedeutung haben (1716)[3]. **Will in einer grundsätzlichen Rechtsfrage ein Senat des Reichsversicherungsamts von der Entscheidung eines anderen abweichen, so hat er die Sache unter Begründung seiner Rechtsauffassung an den Großen Senat** (101) **zu verweisen** (1717)[4]. **Das Gleiche gilt entsprechend, wenn ein Spruchsenat eines Landesversicherungsamts von einer amtlich veröffentlichten Entscheidung des Reichsversicherungsamts in einer grundsätzlichen Rechtsfrage abweichen will** (1718)[5]. Die Urteile der Senate werden von

---

[1]) Bei der Entscheidung darf der Abgelehnte nicht mitwirken. Bei Stimmengleichheit gilt das Gesuch als abgelehnt (1712).

[2]) Die Zulassung darf nur versagt werden, wenn ein wichtiger Grund vorliegt; sie darf nicht versagt werden aus Gründen, die sich auf die religiöse oder politische Betätigung des Antragstellers stützen (1663).

[3]) Die Art der Veröffentlichung bestimmt für das Reichsversicherungsamt der Reichskanzler, für das Landesversicherungsamt die oberste Verwaltungsbehörde. Diese bestimmen auch die früheren Veröffentlichungen, auf welche die §§ 1693, 1717, 1718 anzuwenden sind (1716).

[4]) **Das Gleiche gilt, wenn ein Senat von der Entscheidung des Großen Senats selbst abweichen will. Der verweisende Senat hat eines seiner Mitglieder zu bezeichnen, das für die Entscheidung der Sache als Beisitzer in den Großen Senat an Stelle eines anderen Mitglieds der gleichen Gruppe dieses Senats eintritt. Die Reihenfolge, in der die übrigen Mitglieder des Großen Senats an den Entscheidungen teilzunehmen haben, bestimmt die Kaiserliche Verordnung** (35 Abs. 2, 1717).

[5]) Zu den Verhandlungen des Großen Senats entsendet der verweisende Senat des Landesversicherungsamts eines seiner Mitglieder, das als Beisitzer in den Großen Senat eintritt. Außerdem tritt als Mitglied dieses Senats ein Mitglied eines anderen Landesversicherungsamts hinzu, das nach näherer Bestimmung der Landesregierung für ein Geschäftsjahr im voraus bezeichnet wird. Welches Landesversicherungsamt das zweite Mitglied zu entsenden hat, bestimmt die Kaiserliche Verordnung (35 Abs. 2). Besteht nur ein Landesversicherungsamt, so entsendet dieses zwei Mitglieder (1718). Die Landesregierung bestimmt wie zu verfahren ist, wenn ein Senat eines Landesversicherungsamts von der Entscheidung eines anderen Senats desselben Landesversicherungsamts abweichen will (1719).

dem Vorsitzenden, dem Berichterstatter und einem anderen Mitgliede des Senats unterschrieben (1720)[1]. Die Verfügung, die ein Urteil berichtigt (1673), wird von dem Vorsitzenden und den Mitgliedern des Senats erlassen, die das Urteil unterschrieben haben; die Verfügung ist unanfechtbar (1721).

e) Wiederaufnahme des Verfahrens.

Ein durch rechtskräftiges Urteil abgeschlossenes Verfahren[2][3] **kann wieder aufgenommen werden, wenn**

1. die Spruchstelle nicht vorschriftsmäßig besetzt war,
2. eine Person bei der Entscheidung mitgewirkt hat, die von der Mitwirkung aus einem gesetzlichen Grunde ausgeschlossen war, sofern nicht dieses Hindernis durch Ablehnung oder Rechtsmittel ohne Erfolg geltend gemacht worden ist,
3. bei der Entscheidung eine Person mitgewirkt hat, obgleich sie als befangen abgelehnt und die Ablehnung für begründet erklärt worden war,
4. eine Partei in dem Verfahren nicht nach Vorschrift der Gesetze vertreten war, sofern sie nicht die Führung des Streites ausdrücklich oder stillschweigend genehmigt hat.

In den Fällen der Nr. 1, 3 ist die Wiederaufnahme unstatthaft, wenn der Anfechtungsgrund durch ein Rechtsmittel geltend gemacht werden konnte (1722).

Die Wiederaufnahme ist ferner zulässig, wenn

1. eine Urkunde, auf die sich die Entscheidung stützt, fälschlich angefertigt oder verfälscht war,

---

[1] Ist der Vorsitzende oder der Berichterstatter verhindert, so hat für ihn ein anderes Mitglied des Senats zu unterschreiben (1720).

[2] Gegen Entscheidungen, die vor dem Tage des Inkrafttretens des Sechsten Buches RVO. rechtskräftig geworden oder die im Verfahren nach den alten Vorschriften erledigt und nach diesem Tage rechtskräftig geworden sind, findet die Wiederaufnahme des Verfahrens nach der RVO. statt. (EG. Art. 96).

[3] **Gegenüber einem rechtskräftigen Bescheid eines Versicherungsträgers kann eine neue Prüfung beantragt oder vorgenommen werden, wenn eine der Voraussetzungen des § 1723 Nr. 1 bis 3, 5 oder 6 vorliegt. Die §§ 1724 bis 1734 gelten entsprechend.**

2. durch Beeidigung eines Zeugnisses oder eines Gutachtens, auf die sich die Entscheidung stützt, der Zeuge oder Sachverständige vorsätzlich oder fahrlässig die Eidespflicht verletzt hat,
3. der Vertreter der Partei oder der Gegner oder sein Vertreter die Entscheidung durch eine mit öffentlicher Strafe bedrohte Handlung erwirkt hat,
4. eine Person bei der Entscheidung mitgewirkt hat, die bei der Verhandlung ihre Amtspflichten gegen die Partei verletzt hat, sofern diese Verletzung mit öffentlicher Strafe bedroht ist,
5. ein strafgerichtliches Urteil, auf das sich die Entscheidung stützt, durch ein anderes rechtskräftig gewordenes Urteil aufgehoben worden ist,
6. eine Partei nachträglich eine Urkunde, die eine ihr günstigere Entscheidung herbeigeführt haben würde, auffindet oder zu benutzen instand gesetzt wird (1723)[1]).

Mit dem Antrage auf Wiederaufnahme können Anfechtungsgründe, durch die eine ältere Entscheidung derselben oder einer unteren Instanz betroffen wird, geltend gemacht werden, wenn die angefochtene Entscheidung auf der älteren beruht (1726).

Über den Antrag auf Wiederaufnahme entscheidet die Spruchstelle, deren Urteil angefochten wird (1727)[2]). Der Antrag ist

[1]) In den Fällen Nr. 1 bis 4 ist die Wiederaufnahme nur zulässig, wenn
1. wegen der strafbaren Handlung eine rechtskräftige strafgerichtliche Verurteilung ergangen ist,
2. ein gerichtliches Strafverfahren aus anderen Gründen als wegen Mangels an Beweis nicht eingeleitet oder nicht durchgeführt werden konnte (1724).

In allen Fällen des § 1723 ist die Wiederaufnahme nur zulässig, wenn nicht die Partei ohne ihr Verschulden den Anfechtungsgrund in dem früheren Verfahren, insbesondere durch Einlegung eines Rechtsmittels, geltend machen konnte (1725).

[2]) Sind mehrere Urteile angefochten, die von Spruchstellen verschiedener Ordnung erlassen sind, so entscheidet die Spruchstelle höherer Ordnung. An Stelle des Reichsversicherungsamts (Landesversicherungsamts) entscheidet das Oberversicherungsamt, wenn ein in der Revisionsinstanz erlassenes Urteil auf Grund des § 1723 Nr. 1, 2, 5 oder 6 angefochten wird (1727).

binnen einem Monat zu stellen (1728)[1]). **Die Wiederaufnahme kann auch von Amts wegen eingeleitet werden** (1729).

Ist der Antrag verspätet oder unzulässig, so kann ihn der Vorsitzende der Spruchstelle ohne mündliche Verhandlung durch eine mit Gründen versehene Verfügung verwerfen (1731)[2]). Ist der Antrag rechtzeitig gestellt worden und zulässig, so wird die Hauptsache, soweit der Anfechtungsgrund sie betrifft, neu verhandelt. Für das neue Verfahren gelten die Vorschriften, die für diejenige Instanz maßgebend sind, bei welcher das neue Verfahren anhängig geworden ist (1732). Rechtsbehelfe sind zulässig, soweit solche gegen die Urteile der mit der Wiederaufnahme befaßten Instanzen überhaupt gegeben sind (1733). Die Wiederaufnahme des Verfahrens kann durch Kaiserliche Verordnung mit Zustimmung des Bundesrats abweichend von den vorstehenden Vorschriften geregelt werden (1734).

f) Neue Feststellung durch die Versicherungsanstalt.

Überzeugt sich die Versicherungsanstalt bei erneuter Prüfung, daß die Leistung mit Unrecht abgelehnt, entzogen, eingestellt oder zu niedrig festgestellt worden ist, so kann sie eine neue Feststellung treffen (1319). **Die Versicherungsanstalt braucht Rentenbeträge nicht zurückzufordern, die sie vor rechtskräftiger Entscheidung nach dem Gesetze zahlen mußte** (1320).

---

[1]) Die Frist gilt auch dann als gewahrt, wenn das Rechtsmittel rechtzeitig bei einer anderen inländischen Behörde oder bei einem Organ der Versicherungsträger eingegangen ist (129). Die Frist beginnt mit dem Tage, an dem die Partei den Anfechtungsgrund erfährt, jedoch nicht bevor das Urteil rechtskräftig geworden ist. Nach Ablauf von fünf Jahren vom Tage der Rechtskraft an ist der Antrag unstatthaft. Diese Vorschriften gelten nicht, wenn die Wiederaufnahme wegen mangelnder Vertretung beantragt wird. Die Frist läuft dann von dem Tage, an dem das Urteil der Partei oder, wenn sie nicht fähig war, den Streit selbst zu betreiben, ihrem gesetzlichen Vertreter zugestellt worden ist (1728).

[2]) Der Vorsitzende des Spruchsenats darf es nur dann, wenn er mit dem Berichterstatter darüber einig ist. Der Antragsteller kann binnen einer Woche nach der Zustellung die Entscheidung der zuständigen Stelle anrufen. Die Verfügung muß darauf hinweisen (1731).

Kapitel V. Beziehungen der Invaliden- und Hinterbliebenenversicherung

A. zur Krankenversicherung.

Läßt die Versicherungsanstalt ein Heilverfahren eintreten, so hat sie für dessen Dauer dem Kranken das zu gewähren, was diesem seine Krankenkasse (225) nach Gesetz oder Satzung zu leisten hätte. Die Krankenkasse hat der Versicherungsanstalt Ersatz zu leisten, soweit der Kranke von der Kasse nach Gesetz oder Satzung Krankengeld zu beanspruchen hätte (1518). Die Versicherungsanstalt, die ein Heilverfahren eintreten läßt, kann die Fürsorge für den Kranken seiner letzten Krankenkasse in dem Umfange übertragen, den sie für geboten hält (1519)[1]).

B. zur Unfallversicherung.

Der Antrag, eine Invaliden- oder Hinterbliebenenrente festzustellen, kann nicht deshalb abgelehnt werden, weil Invalidität oder Tod Folge eines entschädigungspflichtigen Unfalls ist. Die Rente ist voll zu zahlen, bis die Unfallrente gewährt wird. Wird

[1]) Werden dadurch der Kasse Leistungen über den Umfang ihrer gesetzlichen oder satzungsmäßigen Leistungen hinaus auferlegt, so hat die Versicherungsanstalt die Mehrkosten zu ersetzen. Sie hat der Kasse den Aufwand auch für die Zeit zu ersetzen, für welche die Kasse zu Leistungen nicht mehr verpflichtet war. Dabei gelten als Ersatz für Krankenpflege und für Krankenhauspflege die im § 1503 bezeichneten Beträge, wenn nicht ein höherer Aufwand nachgewiesen wird (1519). Bei Streit zwischen der Kasse und der Versicherungsanstalt aus der Übertragung der Fürsorge (1519) entscheidet das Versicherungsamt endgültig, wenn es sich nicht um einen Ersatzanspruch handelt. Streit über Ersatzansprüche aus den §§ 1518, 1519 wird im Spruchverfahren entschieden (1520). Ist an dem Tage, an dem die Vorschriften des Sechsten Buches der RVO. in Kraft treten, ein Verfahren nach § 23 Abs. 2 Inv.Vers.Ges. vor der Aufsichtsbehörde anhängig, so ist die Sache an das Versicherungsamt abzugeben, wenn darüber noch nicht entschieden ist; für das weitere Verfahren gelten die Vorschriften der RVO. (EG. Art. 86). Die §§ 1518 bis 1520 gelten auch für knappschaftliche Krankenkassen und für Ersatzkassen. Der Grundlohn bestimmt sich nach § 1516 Abs. 2 (1521).

diese gewährt, so ist nur der sie übersteigende Betrag der Invaliden- oder Hinterbliebenenrente zu zahlen (1522)[1]). Ist die Rente für eine Zeit gezahlt, für die der Empfänger einen Anspruch auf Unfallrente hat, so kann die Versicherungsanstalt als Ersatz die Unfallrente beanspruchen, soweit die Rente, die sie gewährt, nicht höher ist (1522)[2]).

Die Versicherungsanstalt kann die Feststellung der Unfallrente betreiben, und zwar auch dann, wenn bei Bezug der Unfallrente die Invaliden-, Alters- und Hinterbliebenenrente ganz oder teilweise ruhen würde. § 1509 gilt entsprechend (1523).

Gewährt die Versicherungsanstalt wegen einer Krankheit, die Folge eines entschädigungspflichtigen Unfalls ist, ein Heilverfahren, das den Eintritt der Invalidität verhindert oder sie beseitigt, so ist der Träger der Unfallversicherung der Versicherungsanstalt ersatzpflichtig für die Kosten des Heilverfahrens, wenn auch er dadurch entlastet worden ist. Für das Maß des Ersatzes gilt dabei § 1503 entsprechend. Ist kein Grundlohn bestimmt, so ist der wirkliche Aufwand zu ersetzen. Für das Heilverfahren während der ersten dreizehn Wochen nach dem Unfall kann die Versicherungsanstalt keinen Ersatz verlangen. Gewährt die Versicherungsanstalt das Heilverfahren, so ist dieses für die Entschädigungsansprüche der Berechtigten einem von dem Träger der Unfallversicherung gewährten entsprechenden Heilverfahren gleich zu achten. Der Träger der Unfallversicherung wird von seiner Pflicht zur Gewährung von Angehörigenrente an die Berechtigten frei, soweit die Versicherungsanstalt für diese Hausgeld gezahlt hat. Zahlt die Versicherungsanstalt für eine Zeit des Heilverfahrens eine Invaliden- oder Hinterbliebenenrente, so gilt insoweit § 1522 (1524)[3]).

---

[1]) Das Gleiche gilt bei Heilanstaltspflege, die der Träger der Unfallversicherung gewährt. Dabei wird der Unterhalt in der Heilanstalt gleich der Vollrente gerechnet (1522).

[2]) Für den Umfang des Ersatzanspruchs und für das Maß des Zugriffs auf die Unfallrente gelten die §§ 1506, 1507 entsprechend (1522).

[3]) Diese Bestimmungen gelten auch entsprechend, wenn die Versicherungsanstalt wegen einer Krankheit, die Folge eines entschädigungspflichtigen Unfalls ist, ein Heilverfahren gewährt, das zwar nicht den Eintritt der Invalidität verhindert oder sie beseitigt, jedoch den Träger der Unfallversicherung entlastet (1525).

Streit über Ersatzansprüche wird im Spruchverfahren entschieden (1526).

Ist ein Träger der Unfallversicherung der Ansicht, daß zwar ein entschädigungspflichtiger Unfall vorliege, die Entschädigung aber nicht von ihm, sondern von einem anderen Versicherungsträger zu gewähren sei, so hat er dem Berechtigten eine vorläufige Fürsorge zuzuwenden, dem anderen Versicherungsträger die Verhandlungen mitzuteilen und ihn zur Anerkennung der Entschädigungspflicht aufzufordern (1735). Lehnt der andere Versicherungsträger die Entschädigungspflicht ab oder erklärt er sich nicht binnen sechs Wochen, so ist die Sache dem Reichsversicherungsamte vorzulegen. Dieses entscheidet im Spruchverfahren darüber, welcher Versicherungsträger entschädigungspflichtig ist (1736)[1]. Erkennt der andere Versicherungsträger (1735) seine Entschädigungspflicht an oder wird er von dem Reichsversicherungsamt (Landesversicherungsamt) für entschädigungspflichtig erklärt, so hat er dem Versicherungsträger, der die vorläufige Fürsorge zuzuwenden hat, alle Aufwendungen zu ersetzen. Streit über Ersatzansprüche wird im Spruchverfahren entschieden (1738).

Hat die Beschäftigung, bei der sich ein Unfall ereignet hat, für mehrere Betriebe oder Tätigkeiten stattgefunden, die bei verschiedenen Versicherungsträgern versichert sind, so können die beteiligten Versicherungsträger die Entschädigungslast unter sich verteilen (1739)[2].

---

[1]) Wo ein Landesversicherungsamt besteht, entscheidet dieses, wenn der Bezirk der beteiligten Versicherungsträger nicht über das Gebiet des Bundesstaats hinaus reicht. Soweit jedoch ein Versicherungsträger mitbeteiligt ist, für den das Reichsversicherungsamt oder ein anderes Landesversicherungsamt zuständig ist, entscheidet das Reichsversicherungsamt. Die §§ 1701, 1702, 1708 Abs. 2, 1712, 1714, 1716 bis 1721 gelten entsprechend. Die Entscheidung wird den beteiligten Versicherungsträgern und dem Berechtigten zugestellt (1736). Das Reichsversicherungsamt (Landesversicherungsamt) kann in dem Verfahren nach § 1736 andere Versicherungsträger beiladen. Sie können dann zur Entschädigung verurteilt werden, auch wenn der Anspruch gegen sie bereits rechtskräftig abgelehnt worden ist. Dabei gilt § 1704 (1737).

[2]) Einigen sie sich nicht, so kann das Reichsversicherungsamt (Spruchsenat) auf Antrag eines von ihnen nach billigem Ermessen die

C. zu Gemeinden und Armenverbänden und sonstigen Verpflichteten.

Unberührt von diesem Gesetze bleiben die gesetzlichen Pflichten der Gemeinden und Armenverbände zur Unterstützung Hilfsbedürftiger und andere auf Gesetz, Satzung, Vertrag oder letztwilliger Verfügung beruhende Pflichten zur Fürsorge für die nach diesem Gesetze Versicherten und ihre Hinterbliebenen (1527).

Unterstützt eine Gemeinde oder ein Armenverband nach gesetzlicher Pflicht einen Hilfsbedürftigen für eine Zeit, für die er einen Anspruch nach diesem Gesetze hatte oder noch hat, so kann die Gemeinde oder der Armenverband, jedoch nur bis zur Höhe dieses Anspruchs, nach den §§ 1536, 1537 Ersatz beanspruchen (1531).

Für den Ersatz aus Leistungen der Invaliden- und Hinterbliebenenversicherung können nur die Renten beansprucht werden. Für den Umfang des Ersatzanspruchs und für das Maß des Zugriffs gelten entsprechend die §§ 1506, 1507[1]) (1536).

Entschädigungslast verteilen. Wo ein Landesversicherungsamt besteht, steht die Befugnis diesem zu, wenn der Bezirk der beteiligten Versicherungsträger nicht über das Gebiet des Bundesstaats hinausreicht. Soweit jedoch ein Versicherungsträger mitbeteiligt ist, für den das Reichsversicherungsamt oder ein anderes Landesversicherungsamt zuständig ist, hat die Befugnis das Reichsversicherungsamt. Die §§ 1701, 1702, 1712, 1714, 1716 bis 1721 gelten entsprechend. Ein am Streite nicht beteiligter Träger der Unfallversicherung kann auch dann noch herangezogen werden, einen Teil der Entschädigung aufzubringen, wenn der Anspruch gegen ihn schon rechtskräftig abgelehnt worden ist. Zum Verfahren über die Höhe der Entschädigung sind alle Versicherungsträger zuzuziehen, die an der Last beteiligt sind (1740, 1741, 1742).

[1]) § 1506 lautet: Soweit für Kassenleistungen Ersatz aus der Unfallrente beansprucht werden kann, ist der Anspruch nur begründet bis zum halben Betrage der Rente, die auf die Zeit fällt, für welche die Ansprüche auf Kassenleistungen und Rente zusammentreffen.

Ist dem Kranken während dieser Zeit vollständiger Unterhalt in einer Anstalt gewährt worden, der nach den Vorschriften dieses Buches aus der Unfallrente zu ersetzen ist, so ist für die Dauer dieses Unterhalts der Anspruch auf Ersatz bis zum vollen Betrage der Rente begründet. Dies gilt entsprechend, wenn der Träger der Unfall-

Eine Gemeinde oder ein Armenverband kann auch dann Ersatz beanspruchen, wenn der Hilfsbedürftige, der einen Anspruch auf Invaliden-, Alters- oder Hinterbliebenenrente hat, stirbt, ohne die Rente beantragt zu haben (1537).

Auch die ersatzberechtigten Kassen, Gemeinden und Armenverbände (1528, 1531) können die Feststellung der Leistungen aus der Reichsversicherung betreiben. § 1509 gilt entsprechend. Das Gleiche gilt für Knappschaftsvereine und Kassen, die ihre Leistungen nach den §§ 1321 bis 1323 ermäßigen (1538).

Der Anspruch auf Ersatz (1528, 1531 bis 1537) ist ausgeschlossen, wenn er nicht spätestens **sechs** Monate nach Ablauf der Unterstützung bei dem Träger der Reichsversicherung geltend gemacht wird (1539).

Streit über Ersatzansprüche aus den §§ 1528, 1531 bis 1537 wird im Spruchverfahren entschieden (1540).

Die vorstehenden Bestimmungen bezüglich der Gemeinden und Armenverbände gelten auch für Betriebsunternehmer und Kassen, die statt solcher Verpflichteten nach gesetzlicher Pflicht Hilfsbedürftige unterstützen (1541).

Soweit die nach diesem Gesetze Versicherten oder ihre Hinterbliebenen nach anderen gesetzlichen Vorschriften Ersatz eines Schadens beanspruchen können, der ihnen durch Krankheit, Unfall, Invalidität oder durch den Tod des Ernährers erwachsen ist, geht der Anspruch auf die Träger der Versicherung insoweit über, als sie den Entschädigungsberechtigten nach diesem Gesetze Leistungen zu gewähren haben. Dies gilt jedoch bei den gegen

---

versicherung dem Kranken vollständigen Unterhalt in einer Anstalt gewährt hat (607).

Um bei Heilanstaltpflege, die der Träger der Unfallversicherung gewährt, den Umfang zu bestimmen, in welchem der Ersatzanspruch der Krankenkasse für ihre Leistungen begründet ist, wird der Unterhalt in der Heilanstalt gleich der Vollrente gerechnet.

§ 1507 lautet: Zur Befriedigung des Ersatzanspruchs der Krankenkasse darf auf rückständige Rentenbeträge und auf solche für die Zeit des vollständigen Unterhalts in einer Anstalt (1506 Abs. 2 Satz 1) bis zu ihrer vollen Höhe, auf andere Rentenbeträge nur bis zu ihrer halben Höhe zugegriffen werden.

Unfall Versicherten und ihren Hinterbliebenen nur insoweit, als es sich nicht um einen Anspruch gegen den Unternehmer oder die ihm nach § 899 Gleichgestellten handelt (1542)[1]).

Kapitel VI. Vermögen und Vermögensverwaltung.

Die Mittel der Versicherungsanstalten dürfen nur für die gesetzlich vorgeschriebenen oder zugelassenen Zwecke verwendet werden. Die Einnahmen und Ausgaben sind gesondert zu verrechnen, die Bestände gesondert zu verwahren. Die Versicherungsträger dürfen nur die Geschäfte übernehmen, die ihnen das Gesetz überträgt (25)[2]).

Das Vermögen muß wie Mündelgeld (1807, 1808 des Bürgerlichen Gesetzbuches) verzinslich angelegt werden, soweit die nachfolgenden Bestimmungen nichts anderes zulassen. Außerdem darf es in Wertpapieren, die landesgesetzlich zur Anlegung von Mündelgeld zugelassen sind, sowie in solchen auf den Inhaber lautenden Pfandbriefen deutscher Hypotheken-Aktienbanken angelegt werden, welche die Reichsbank in Klasse I beleiht (26).

Die oberste Verwaltungsbehörde kann genehmigen, daß das Vermögen auch in Darlehen an Gemeinden und Gemeindeverbände angelegt wird, soweit dies nicht bereits nach § 26 Absatz 1 zulässig ist. Sie kann die Anlage in einzelnen Gattungen zins-

---

[1]) Auf das Maß des Ersatzes für Krankenpflege und Krankenhauspflege sowie für Krankenbehandlung und Heilanstaltpflege ist § 1503 entsprechend anzuwenden (1542). Hat ein ordentliches Gericht über solche Ansprüche (1542) zu erkennen, so ist es an die Entscheidung gebunden, die in einem Verfahren nach diesem Gesetze darüber ergeht, ob und in welchem Umfange der Versicherungsträger verpflichtet ist. Für die Aussetzung des Verfahrens vor dem ordentlichen Gericht gilt entsprechend § 901 Abs. 2 (1543). Die §§ 1531 bis 1533, 1539 bis 1542 gelten auch für knappschaftliche Krankenkassen und für Ersatzkassen. Der Grundlohn bestimmt sich nach § 1516 Abs. 2 (1544).

[2]) Die Geldstrafen fließen, vorbehaltlich der §§ 59 Abs. 3, 80 Abs. 4, 104 Abs. 2, in die Kasse des Versicherungsträgers, die gerichtlich erkannten nur, wo es die RVO. vorschreibt (146).

tragender Papiere auf einen bestimmten Betrag beschränken. Erstreckt sich der Bezirk des Versicherungsträgers auf Gebiete oder Gebietsteile mehrerer Bundesstaaten, so ist dazu die Zustimmung ihrer obersten Verwaltungsbehörden erforderlich. Die oberste Verwaltungsbehörde kann widerruflich gestatten, daß zeitweilig verfügbare Bestände in anderer Weise angelegt werden (27).

Die Versicherungsanstalt muß mindestens ein Viertel ihres Vermögens in Anleihen des Reichs oder der Bundesstaaten anlegen[1]. Sie kann höchstens die Hälfte ihres Vermögens anders als nach den §§ 26, 27 anlegen. Sie bedarf dazu der Genehmigung des Reichsversicherungsamts oder des Landesversicherungsamts. Will eine Versicherungsanstalt mehr als den vierten Teil ihres Vermögens anders als nach den §§ 26, 27 anlegen, so bedarf sie dazu außerdem der Genehmigung des Gemeindeverbandes oder der obersten Verwaltungsbehörde. Reicht der Bezirk der Versicherungsanstalt über mehrere Bundesstaaten, so ist die Genehmigung ihrer obersten Verwaltungsbehörden erforderlich. Eine solche Anlage (anders als nach §§ 26, 27) ist nur in Wertpapieren, in anderer Art nur für Verwaltungszwecke, zur Vermeidung von Vermögensverlusten oder für Unternehmungen zulässig, die ausschließlich oder überwiegend den Versicherungspflichtigen zugute kommen (1356). **Der Genehmigung bedarf es**

zum Erwerbe von Grundstücken im Werte von mehr als fünftausend Mark,

zum Errichten von Gebäuden im Werte von mehr als zehntausend Mark,

zum Anschaffen der zugehörigen Einrichtungsgegenstände im Gesamtwerte von mehr als fünftausend Mark (1357)[2].

Das Reichsversicherungsamt regelt die Art und Form der Rechnungsführung. Die Versicherungsanstalten haben dem Reichsversicherungsamte nach seiner Anordnung Übersichten über ihre

---

[1]) Solange die Versicherungsanstalten noch nicht ein Viertel ihres Vermögens in Anleihen des Reichs oder der Bundesstaaten angelegt haben, müssen sie jährlich mindestens ein Drittel ihres Vermögenszuwachses in solchen Anleihen anlegen (EG. Art. 82, 54).

[2]) Der Genehmigung bedarf es nicht zum Erwerbe von Grundstücken in den Fällen des § 1354 Abs. 1 Satz 2 (1357).

Geschäfts- und Rechnungsergebnisse einzureichen. Dieses stellt alljährlich über die gesamten Rechnungsergebnisse des abgeschlossenen Geschäftsjahrs[1]) einen Nachweis auf, der dem Reichstag vorzulegen ist (1358).

Die Versicherungsanstalten verwalten ihre Einnahmen und ihr Vermögen (Gemeinvermögen und Sondervermögen) selbständig. Sie decken daraus die Gemeinlast, die alle Träger der Invaliden- und Hinterbliebenenversicherung gemeinsam aufzubringen haben, und die dem einzelnen verbleibende besondere Last (1395).

Die Gemeinlast bilden

die Grundbeträge der Invalidenrenten und die Zuschüsse für Kinderrenten (1291),

die Anteile der Versicherungsanstalten an den Altersrenten, Witwen-, Witwer-, Waisenrenten, Witwengeld und Waisenaussteuer,

die Steigerung der Renten infolge von Militärdienst- und **Krankheitswochen und**

die Rentenaufrundungen.

Alle übrigen Verpflichtungen bilden, unbeschadet des § 1478, die Sonderlast der Versicherungsanstalt (1396)[2]).

---

[1]) Geschäftsjahr ist das Kalenderjahr (164).

[2]) Die Rechnungsstelle des Reichsversicherungsamts verteilt Renten, Witwengelder und Waisenaussteuern auf Reich, Gemeinvermögen und Sondervermögen. Die Steigerungssätze der Invalidenrenten belasten die Anstalt, der die Beträge dafür zugeflossen sind. Hat sie Leistungen festgestellt, von denen Teile dem Sondervermögen anderer Anstalten zur Last fallen, so erstatten diese ihr die Beträge am Schlusse des Geschäftsjahrs mit ihrem Kapitalwert (1403). Die Rechnungsstelle ermittelt für jedes Jahr und für jede Versicherungsanstalt den Kapitalwert der noch laufenden Renten, die sie zur Zahlung angewiesen hat, und die Anteile, die davon auf Reich, Gemeinvermögen und Sondervermögen entfallen. Die Berechnung des Kapitalwerts regelt der Bundesrat (1404). Binnen acht Wochen nach Ablauf jedes Geschäftsjahrs teilen die obersten Postbehörden der Rechnungsstelle die Beträge mit, die auf Anweisung der Versicherungsanstalten im abgelaufenen Geschäftsjahr gezahlt sind. Nach dem im § 1404 gefundenen Maßstabe werden die vorgeschossenen Renten auf das Reich, das Gemeinvermögen und das Sondervermögen verteilt. Die Rechnungsstelle ermittelt ferner den Anteil des Reichs und des Gemeinvermögens an den Witwengeldern und Waisenaussteuern. An der dem Gemeinvermögen zur Last fallenden Summe werden die Versicherungsanstalten, jede

Zur Deckung der Gemeinlast scheidet jede Versicherungsanstalt vom 1. Januar 1912 an **fünfzig** vom Hundert der Beiträge buchmäßig als Gemeinvermögen aus. Ihm schreibt sie für seinen buchmäßigen Bestand die Zinsen gut. Den Zinsfuß bestimmt der Bundesrat für die gleichen Zeiträume wie die Beiträge einheitlich (1397). Ergibt die Prüfung (1391), daß das Gemeinvermögen zur Deckung der Gemeinlast nicht ausreicht oder nicht erforderlich ist, so setzt der Bundesrat den Teil der Beiträge fest, der im nächsten Zeitraum zum Ausgleich der Fehlbeträge oder der Überschüsse für das Gemeinvermögen buchmäßig auszuscheiden ist. Erhöht er ihn, so bedarf es der Zustimmung des Reichstags (1398). Das bei der Prüfung vorhandene Vermögen der Versicherungsanstalten darf zur Deckung der Gemein-

---

nach dem Verhältnis des für die Gemeinlast bestimmten Teils ihres Vermögens, beteiligt (1405). Die Rechnungsstelle teilt den Versicherungsanstalten die Beträge mit, die sie aus dem für die Gemeinlast bestimmten Teile ihres Vermögens und aus ihrem Sondervermögen zu erstatten haben. Dabei hat die Rechnungsstelle die Zahlungen aus dem Postvorschusse (1385) mit den tatsächlichen Zahlungen auszugleichen und die Kapitalwerte, die nach § 1403 die einzelnen Anstalten einander zu erstatten haben, zu verrechnen. Die den Berechnungen zu Grunde gelegten Zahlen sind anzugeben. Gegen die Verteilung und Abrechnung ist die Beschwerde an das Reichsversicherungsamt zulässig. Die Höhe der Beträge, die dem Reich zur Last fallen, ist dem Reichskanzler anzuzeigen (1406). Die Rechnungsstelle teilt den obersten Postbehörden mit, welche Beträge das Reich und die einzelnen Versicherungsträger zu erstatten haben (1407). Binnen zwei Wochen nach Empfang der Mitteilung muß die Versicherungsanstalt der Post den Betrag aus den bereiten Mitteln zahlen. Sind keine vorhanden, so schießt sie der Gemeindeverband oder der Bundesstaat vor, bei gemeinsamen Versicherungsanstalten nach Verhältnis der Zahl der Einwohner bei der letzten Volkszählung (1408). Die Höhe des Postvorschusses (1385) wird für jede Versicherungsanstalt nach Eingang der Mitteilung der obersten Postbehörde (1405) durch die Rechnungsstelle für das laufende Geschäftsjahr festgestellt und den Versicherungsanstalten und den obersten Postbehörden mitgeteilt. Bis dahin werden die Teilbeträge des Postvorschusses in der Höhe des Vorjahrs vorläufig weitergezahlt. Sie werden nach der Feststellung des neuen Postvorschusses verrechnet (1409). Werden die Ansprüche der Post von den Versicherungsanstalten nicht rechtzeitig gedeckt, so leitet das Reichsversicherungsamt oder das Landesversicherungsamt (1382) auf Antrag der Post die Zwangsbeitreibung ein (1410).

last nur soweit herangezogen werden, als es für sie buchmäßig ausgeschieden ist (1399). Auf übereinstimmenden Beschluß des Vorstandes und des Ausschusses können die Überschüsse des Sondervermögens über die gesetzlichen Leistungen hinaus zum wirtschaftlichen Nutzen der Rentenempfänger und der Versicherten sowie ihrer Angehörigen verwendet werden. Dazu bedarf es der Genehmigung des Bundesrats. Er kann sie widerrufen, wenn nach dem Gutachten der Rechnungsstelle das Sondervermögen keine genügend hohen Überschüsse mehr hat (1400).

Soweit das Anstaltsvermögen zur Deckung der Verbindlichkeiten nicht ausreicht, haftet den Gläubigern der Gemeindeverband, für den die Versicherungsanstalt errichtet ist. Ist er unvermögend oder ist die Versicherungsanstalt für einen Bundesstaat oder Teile davon errichtet, so haftet dieser. Umfaßt die Anstalt mehrere Bundesstaaten oder Gemeindeverbände, so haften sie nach der Zahl der Einwohner bei der letzten Volkszählung (1402).

Mehrere Versicherungsanstalten können vereinbaren, die Lasten der Invaliden- und Hinterbliebenenversicherung ganz oder zum Teil gemeinsam zu tragen (1401).

Kapitel VII.

Beschwerde, Fristen, Zustellungen, Gebühren und Stempel, Ausländische Gesetzgebung, Rechtshilfe.

A. Beschwerde.

Soweit die Reichsversicherungsordnung nichts anderes vorschreibt[1]), ist gegen die Entscheidungen der Versicherungsträger Beschwerde zulässig. **Die Beschwerde geht in Sachen der Invaliden- und Hinterbliebenenversicherung an das Versicherungsamt** (1791). Gegen die Entscheidungen des Versicherungsamts in erster Instanz ist Beschwerde an das Oberversicherungsamt zulässig, soweit dieses Gesetz nichts anderes vorschreibt (1792). Gegen die Entscheidungen des Oberversicherungsamts in erster

[1]) Auf Beschwerden gegen Strafverfügungen der Anstaltsvorstände entscheidet das Oberversicherungsamt (Beschlußkammer) endgültig (1500).

Instanz ist Beschwerde an das Reichsversicherungsamt (Landesversicherungsamt § 1800) zulässig, soweit dieses Gesetz nichts anderes vorschreibt (1793). Die Behörde, die über die Beschwerde zu entscheiden hat, kann den Vollzug der angefochtenen Entscheidung aussetzen (1794). Ist die Beschwerde zulässig und rechtzeitig eingelegt, so werden die Beteiligten gehört (1795). Ist die Beschwerde begründet, so kann die zur Entscheidung berufene Stelle entweder selbst in der Sache entscheiden oder sie an eine Vorinstanz oder an den Versicherungsträger zurückverweisen, dessen Entscheidung angefochten wird (1796)[1].

Soweit dieses Gesetz nichts anderes vorschreibt, ist gegen die auf Beschwerde erlassene Entscheidung

des Versicherungsamts die weitere Beschwerde an das Oberversicherungsamt,

des Oberversicherungsamts die weitere Beschwerde an das Reichsversicherungsamt (Landesversicherungsamt)

zulässig. Für das Verfahren gelten die gleichen Vorschriften wie für die Beschwerde (1797). Die auf weitere Beschwerde erlassenen Entscheidungen des Oberversicherungsamts sind endgültig (1798). Will das Oberversicherungsamt in einem Falle, in dem es endgültig zu entscheiden hätte, von einer amtlich veröffentlichten grundsätzlichen Entscheidung des Reichsversicherungsamts (Landesversicherungsamts) abweichen oder handelt es sich in einem solchen Falle um eine noch nicht festgestellte Auslegung gesetzlicher Vorschriften von grundsätzlicher Bedeutung, so ist nach § 1693 zu verfahren (1799)[2]. Wo ein Landesversicherungsamt besteht, entscheidet es in Beschlußsachen, wenn der Bezirk der beteiligten Versicherungsträger nicht über das Gebiet des Bundesstaats hinaus reicht. Sonst entscheidet das Reichsversicherungsamt. Soweit ein Versicherungsträger mitbeteiligt ist, für den nach Absatz 1 das Reichsversicherungsamt oder ein anderes Landesversicherungsamt zuständig ist, entscheidet das Reichsversicherungsamt (1800)[3].

---

[1] Die Stelle, an welche die Sache zurückverwiesen wird, ist an die rechtliche Beurteilung gebunden, die der Aufhebung der angefochtenen Entscheidung zu Grunde liegt (1715).

[2] Über die Vorschrift des § 1693 siehe S. 64/65.

[3] Die Vorschrift des § 1716 über die Veröffentlichung grund-

B. Fristen[1]). Wiedereinsetzung in den vorigen Stand.

Rechtsmittel sind, soweit dieses Gesetz nichts anderes vorschreibt, binnen einem Monat nach Zustellung der angefochtenen Entscheidung einzulegen (128)[2]).

Soweit die Reichsversicherungsordnung nichts anderes vorschreibt, werden die Rechtsmittel bei der Stelle eingelegt, die zu entscheiden hat. Die Frist gilt auch dann als gewahrt, wenn das Rechtsmittel rechtzeitig bei einer anderen inländischen Behörde oder bei einem Organ der Versicherungsträger eingegangen ist (129)[3]).

Die Rechtsmittel bewirken Aufschub nur da, wo das Gesetz es vorschreibt (130).

Richtet sich der Anfang einer Frist nach einem Ereignis oder Zeitpunkt, so beginnt die Frist mit dem Tage, der auf das Ereignis oder den Zeitpunkt folgt. Wird eine Frist verlängert, so beginnt die neue mit Ablauf der alten Frist (124).

Eine nach Tagen bestimmte Frist endigt mit dem Ablauf ihres letzten Tages, eine nach Wochen oder Monaten bestimmte Frist mit dem Ablauf desjenigen Tages der letzten Woche oder des letzten Monats, welcher nach Benennung oder Zahl dem Tage entspricht, in den das Ereignis oder der Zeitpunkt fällt. Fehlt dem letzten Monat der entsprechende Tag, so endigt die Frist mit dem Monat (125).

Braucht ein Zeitraum von Monaten oder Jahren nicht zusammenhängend zu verlaufen, so wird der Monat zu dreißig, das Jahr zu dreihundertfünfundsechzig Tagen gerechnet (126).

Fällt der für eine Willenserklärung oder Leistung oder den Ablauf einer Frist gesetzte Tag auf einen Sonntag oder einen allgemeinen Feiertag, der am Erklärungs- oder Leistungsorte

---

sätzlicher Entscheidungen (siehe S. 67) gilt auch für Beschlußsachen (1801).

[1]) Für die Übergangszeit siehe Art. 6 des EG.

[2]) Für Seeleute, die sich außerhalb Europas aufhalten, wird diese Frist von der Stelle bestimmt, welche die angefochtene Entscheidung erlassen hat; sie muß mindestens drei Monate von der Zustellung an betragen (128).

[3]) Die Rechtsmittelschrift ist unverzüglich an die zuständige Stelle abzugeben (129).

staatlich anerkannt ist, so gilt dafür der nächstfolgende Werktag. Für die Dauer von Leistungen, zu denen ein Versicherungsträger verpflichtet ist, gilt diese Vorschrift nicht (127).

Ist ein Beteiligter durch Naturereignisse oder andere unabwendbare Zufälle verhindert worden, eine gesetzliche Verfahrensfrist einzuhalten, so wird ihm auf Antrag die Wiedereinsetzung in den vorigen Stand erteilt (131)[1].

Die Wiedereinsetzung wird auf Antrag auch dann erteilt, wenn das verspätet eingelaufene Schriftstück der Post mindestens drei Tage vor Ablauf der Frist zur Bestellung übergeben worden ist (131)[2]. Der Antrag auf Wiedereinsetzung[3]) soll

1. die Tatsachen angeben, welche die Wiedereinsetzung begründen,
2. die Mittel bezeichnen, diese Tatsachen glaubhaft zu machen und
3. die versäumte Handlung nachholen, wenn es nicht bereits geschehen ist (133).

Das Verfahren über den Antrag wird mit dem über die nachgeholte Handlung verbunden, doch kann auch zunächst über den Antrag allein verhandelt und entschieden werden. Für die Entscheidung über die Zulässigkeit des Antrags und ihre Anfechtung gelten dieselben Vorschriften wie für die nachgeholte Handlung (134).

C. Zustellungen.

Zustellungen, die eine Frist in Lauf setzen, können durch eingeschriebenen Brief geschehen. Der Postschein begründet nach zwei Jahren seit seiner Ausstellung die Vermutung dafür, daß

[1]) Die Wiedereinsetzung ist binnen einer Frist zu beantragen, deren Dauer durch die Dauer der versäumten Frist bestimmt wird. Die Frist beginnt mit dem Tage, an dem das Hindernis gehoben ist (132).

[2]) Die Wiedereinsetzung ist binnen einem Monat zu beantragen. Die Frist beginnt mit dem Tage, an welchem dem Beteiligten bekannt wird, daß er die Frist versäumt hat. Nach Ablauf von zwei Jahren, vom Ende der versäumten Frist an, kann die Wiedereinsetzung nicht mehr beantragt werden (132).

[3]) Er wird bei der Stelle angebracht, bei der die Frist versäumt ist; § 129 Abs. 2, 3 gilt entsprechend. Die Stelle entscheidet, die über die nachgeholte Handlung zu entscheiden hat (133).

in der ordnungsmäßigen Frist nach der Einlieferung zugestellt worden ist (135).

Wer nicht im Inland wohnt, hat auf Verlangen einen Zustellungsbevollmächtigten zu benennen. Ist der Aufenthalt unbekannt oder wird der Zustellungsbevollmächtigte nicht in der gesetzten Frist benannt, so kann die Zustellung durch einwöchigen Aushang in den Geschäftsräumen der Behörde oder Stelle ersetzt werden; die Frist darf nicht kürzer als ein Monat sein (136).

D. Gebühren und Stempel.

Gebühren- und stempelfrei sind, soweit dieses Gesetz nichts anderes vorschreibt, alle Verhandlungen und Urkunden, die bei den Versicherungsträgern und Versicherungsbehörden erforderlich werden, um die Rechtsverhältnisse zwischen den Versicherungsträgern einerseits und den Arbeitgebern oder Versicherten oder ihren Hinterbliebenen anderseits zu begründen oder abzuwickeln (137). Das Gleiche gilt für die außergerichtlichen Verhandlungen und Urkunden dieser Art, sowie für solche privatschriftlichen Vollmachten und amtlichen Bescheinigungen, welche nach diesem Gesetze zum Ausweis und zu Nachweisungen erforderlich werden (138).

E. Ausländische Gesetzgebung.

Soweit andere Staaten eine der Reichsversicherung entsprechende Fürsorge durchgeführt haben, kann der Reichskanzler mit Zustimmung des Bundesrats unter Wahrung der Gegenseitigkeit vereinbaren, in welchem Umfang für Betriebe, die aus dem Gebiete des einen Staates in das des anderen übergreifen, sowie für Versicherte, die zeitweise im Gebiete des anderen Staates beschäftigt werden, die Fürsorge nach der Reichsversicherungsordnung oder nach den Fürsorgevorschriften des anderen Staates geregelt werden soll. Auf gleichem Wege kann bei entsprechender Gegenleistung die Versicherung von Angehörigen eines ausländischen Staates abweichend von den Vorschriften dieses Gesetzes geregelt und die Durchführung der Fürsorge des einen Staates in dem Gebiete des anderen erleichtert werden. In diesen Vereinbarungen darf die nach diesem Gesetze bestehende Beitragspflicht des Arbeitgebers nicht ermäßigt oder beseitigt werden. Diese Vereinbarungen sind dem Reichstage mitzuteilen. Diese Vorschriften gelten entsprechend für eine Fürsorge, die an Stelle der Reichsversicherung tritt. Der Reichskanzler kann mit Zustimmung des Bundesrats anordnen, daß gegen Angehörige eines ausländischen Staates und ihre Rechtsnachfolger ein Vergeltungsrecht angewendet wird (157, 158).

F. Rechtshilfe.

Die öffentlichen Behörden sind verpflichtet, den im Vollzuge dieses Gesetzes an sie ergehenden Ersuchen der Versicherungs- und anderen öffentlichen Behörden sowie der Organe der Versicherungsträger zu entsprechen, insbesondere vollstreckbare Entscheidungen zu vollstrecken. Überwachungshandlungen der in § 347 Absatz 4, § 404 Absatz 3, §§ 888, 1465, 1470 bezeichneten Art können nur unter den dort genannten Voraussetzungen verlangt werden. Diese Rechtshilfe haben auch die Organe der Versicherungsträger einander sowie den Behörden und Armenverbänden zu leisten. Tagegelder, Reisekosten, Gebühren für Zeugen und Sachverständige und alle anderen baren Auslagen, die aus der Rechtshilfe erwachsen, werden von den Versicherungsträgern als eigene Verwaltungskosten erstattet (115, 116, 117).

Sachregister.

Abkürzungen:

VAnst. = Versicherungsanstalt.

VA. = Versicherungsamt. OVA. = Oberversicherungsamt. RVA. = Reichsversicherungsamt. LVA. = Landesversicherungsamt.

Die Zahlen verweisen auf die Seiten des Textes, Zahlen mit Exponenten (z. B. 48[4]) auf die Anmerkungen der betreffenden Seiten. Steht hinter einer Zahl mit Exponenten noch die nächste in Klammern, z. B. 45[2] (46), so deutet dies an, daß die Anmerkung auf die nächste Seite hinübergreift und daß die in Betracht kommende Stelle auf der in Klammern stehenden Seite zu finden ist.

A.

D.

E.

F.

G.

H.

L.

S.

T.

U.

V.

W.

Z.

Druck von Otto Walter in Berlin S. 14.